BEI GRIN MACHT SICH IHR WISSEN BEZAHLT

- Wir veröffentlichen Ihre Hausarbeit, Bachelor- und Masterarbeit

- Ihr eigenes eBook und Buch - weltweit in allen wichtigen Shops

- Verdienen Sie an jedem Verkauf

Jetzt bei www.GRIN.com hochladen und kostenlos publizieren

Bibliografische Information der Deutschen Nationalbibliothek:

Die Deutsche Bibliothek verzeichnet diese Publikation in der Deutschen National-bibliografie; detaillierte bibliografische Daten sind im Internet über http://dnb.d-nb.de/ abrufbar.

Impressum:

Copyright © 2015 GRIN Verlag
Druck und Bindung: Books on Demand GmbH, Norderstedt Germany
ISBN: 9783668672420

Dieses Buch bei GRIN:

https://www.grin.com/document/416088

Felix Oldörp

Ausarbeitung der Klausurfragen zur Vorlesung "Lernmotivation und Lernförderung"

GRIN Verlag

Inhalt

1. Selbstwirksamkeit und Entwicklungsförderung

1. Was versteht man unter Selbstwirksamkeit (Definition)?

- Persönliche Überzeugungen, Anforderungen bewältigen und Ziele erreichen zu können, beinhalten Ergebniserwartungen und Kompetenzerwartungen.
- Selbstwirksamkeit kennzeichnet die subjektive Gewissheit, neue oder schwierige Anforderungssituationen auf Grund eigener Kompetenz bewältigen zu können.

2. Welche Synonyme gibt es für die Begriffe Selbstwirksamkeit und Handlungswirksamkeit?

- Handlungswirksamkeit: Ergebniserwartung = mögliche Ergebnisse einer Handlung
- Selbstwirksamkeit: Kompetenzerwartung = erlebte persönliche Kontrollierbarkeit bzw. Handlungskompetenz

3. Erklären Sie den Unterschied zwischen allgemeiner und spezifischer Selbstwirksamkeitserwartung!

- Allgemeine Selbstwirksamkeitserwartung: stabiles Gefühl persönlicher Kompetenz mit verschiedensten stressreichen Situationen zurechtzukommen; generelles Vertrauen in eigene Bewältigungskompetenzen über einen weiten Bereich von Anforderungen bzw. neuen Situationen
  z. B.: Für jedes Problem kann ich eine Lösung finden.; Wenn eine neue Sache auf mich zukommt, weiß ich, wie ich damit umgehen kann.
- Spezifische Selbstwirksamkeitserwartung: inhalts- und bereichsbezogene (z. B. schulische, mathematische, soziale Selbstwirksamkeit).
  z. B.: Auch wenn ein Lehrer an meinen Fähigkeiten zweifelt, bin ich mir sicher, dass ich gute Leistungen erzielen kann.; Wenn ich in Mathe eine schwierige Aufgabe an der Tafel lösen soll, glaube ich, dass ich das schaffen werde.; Auch mit Jugendlichen, die ich noch nicht kenne, kann ich schnell ins Gespräch kommen.

4. Wie entsteht Selbstwirksamkeit? Nennen Sie die vier Quellen für den Aufbau bzw. den Erwerb von Selbstwirksamkeitserwartungen! Welche Unterschiede bestehen zwischen den verschiedenen Quellen und in welcher Reihenfolge lassen sie sich entsprechend ihrer Bedeutsamkeit ordnen?

- Selbstwirksamkeit wird erworben (Bandura) → Quellen:
  1. Direkte persönliche Erfahrung („Mastery Experience")
  eigene Erfolgserlebnisse zum Aufbau von Selbstwirksamkeitserwartungen, wenn sie auf eigene Anstrengung und Fähigkeit zurückgeführt werden → Motivation ↑; kann langfristig erhalten werden, wird aber nur allmählich aufgebaut
  2. Indirekte oder stellvertretende Erfahrung (Verhaltensmodelle)
Modelle müssen dem Lernenden in Alter u. a. Attributen ähnlich sein; Prominente erschweren den sozialen Vergleich durch Distanz; am günstigsten sind Modelle, die mit einem Problem zu kämpfen haben und deutlich kommunizieren, wie sie damit umgehen
  3. Symbolische Erfahrung (z. B. sprachliche Überzeugung)
Überredung („Du kannst das!") durch autoritäre, nahestehende Personen; nur kurzfristige Effekte; langfristiger Aufbau durch kontinuierliche Rückmeldungen
  4. Wahrnehmung und Interpretation eigener Gefühlserregung

Erregungszustand bestimmt die Bewertung der Bewältigungskompetenz; hohe negative Erregung (z. B. Angst hat negativen Einfluss) → Emotionskontrolle nötig

5. Machen Sie sich jeweils an einem Beispiel die Unterschiede zwischen Handlungswirksamkeit und Selbstwirksamkeit deutlich!

- Selbstwirksamkeit: Ich bin sicher, dass ich es schaffe, jede Woche zweimal für 60 Minuten ins Fitnessstudio zu gehen. → Überzeugung Anforderung zu bewältigen und Ziel zu erreichen; Kompetenzerwartung
- Handlungswirksamkeit: Wenn ich jede Woche zweimal für 60 Minuten ins Fitnessstudio gehe, würde ich fitter werden. → Erwartung, durch das Handeln ein bestimmtes Ergebnis erreichen zu können; Handlungskompetenz
- Während die Konsequenzerwartung die Handlungsabhängigkeit des Ergebnisses thematisiert, betrifft die Kompetenzerwartung die Personenabhängigkeit der Handlung. Diese persönliche Einschätzung eigener Handlungsmöglichkeiten ist die zentrale Komponente der Wahrnehmung von Selbstwirksamkeit.

6. Wie unterscheiden sich Selbstwirksamkeit, Selbstkonzept, Selbstwert und Optimismus voneinander? Finden Sie Beispiele für Aussagen, die die Konzepte charakterisieren!

- Selbstwirksamkeit: Überzeugung, herausfordernde Ziele erreichen zu können (Engagement und Bewältigung von Schwierigkeiten nötig) → Ich weiß, dass ich mit Lernen die Mathearbeit gut bewältigen werden.
- Selbstkonzept: globale Selbstwahrnehmung → Ich bin gut in Mathe.
- Selbstwert: emotionale Tönung des Selbstkonzepts → Ich bin stolz, gut in Mathe zu sein.
- Optimismus: die Einstellung, bei der nur das Gute gesehen oder erwartet wird → Frau XY ist ein netter Mensch, daher wird auch die Mathearbeit gut werden.

7. Mit welchen Strategien lässt sich Selbstwirksamkeit gezielt im Unterricht fördern? Nennen Sie Strategien/Maßnahmen zur Förderung von Selbstwirksamkeit und ordnen Sie den Förderstrategien die zugehörige Entstehungsquelle von Selbstwirksamkeit zu! Welche Möglichkeiten zur Vermittlung direkter Erfolgserfahrungen im Unterricht gibt es?

- direkte Erfolgserfahrungen: z. B. setzen von Nahzielen, innere Differenzierung, eigene Ziele setzen
- indirekte Erfolgserfahrungen: z. B. kooperatives Lernen, Ähnlichkeiten zu Peers oder relevanten Berühmtheiten aufzeigen, Lernen am Modell
- symbolische Erfahrungen: z. B. Feedback (Anstrengung und Strategien betonen), positives Klassenklima mit positiver Feedback- und Fehlerkultur, Lob/Ermutigung
- Wahrnehmung und Interpretation eigener Gefühle: z. B. eigene Erregungszustände richtig einordnen, Klassenklima, Transparenz der Lernziele und -wege
- Für Lernende müssen Lernfortschritte und Kompetenzzuwächse erkennbar sein und als erreichbar erlebt werden.
- Lernende müssen die Erfahrung machen, dass Lernfortschritt und Kompetenzzuwachs durch eigenes Lernengagement möglich sind.

8. Warum kommt dem Setzen von /Nahzielen bei der Selbstwirksamkeitsförderung eine so große Bedeutung zu? Worin liegen die Vorteile?

- konkrete, spezifische Nahziele lassen Fortschritte besser erkennen und erleichtern Feedback
- sind nicht so schwierig wie das Endziel und können schneller Erfolgserlebnisse vermitteln
- Unterteilung komplexer Ziele in Teilziele mindert das Risiko von Aufgaben und Resignation
- öffnen Wege zum nächst höheren Ziel durch viele kleine Fortschritte, die erlebnismäßig mit persönlichem Kompetenzzuwachs einhergehen
- Nahziele sollten Anreize von persönlicher Bedeutung beinhalten und Herausforderungen darstellen
- sollten selbst gesteckt werden

9. Welche Unterschiede lassen sich im Lern- und Leistungsverhalten von Schülern mit hohen Selbstwirksamkeitserwartungen im Vergleich zu Schülern mit niedrigen Selbstwirksamkeitserwartungen feststellen?

- hohe Selbstwirksamkeit wirkt sich positiv auf Anstrengung/Ausdauer sowie Leistung aus
- niedrige Selbstwirksamkeit: Misserfolge werden schnell als Bedrohung und Kontrollverlust erlebt; Misserfolgsängstlichkeit und keine Erfolgszuversicht → schnelle Attribution auf Unfähigkeit
- niedrige Selbstwirksamkeit + niedrige Fähigkeit = signifikant schlechtere Leistung als SuS mit hoher Selbstwirksamkeit und niedrigen Fähigkeiten
- hohe Fähigkeiten: keine großen Unterschiede zu hoher und niedriger Selbstwirksamkeit
- allgemein: Anstrengung und Ausdauer, Anspruchsniveau, Zeitmanagement, Problemlösung, Leistungen, Einschätzung der eigenen Leistung, selbstwertförderlichere Attributionen

2. Lern- und Leistungsmotivation

1. Skizzieren Sie das Grundmodell der "klassischen" Motivationspsychologie!

Welche psychischen Kräfte beeinflussen die Art, Zielrichtung, Intensität und Ausdauer des Verhaltens. Persönlichkeitsmerkmale und die Besonderheiten der Situation bestimmen die Stärke der Motivation: Motiv x Situation = aktuelle Motivation → Verhalten
Motive sind stabile Personenmerkmale, die für die Bevorzugung von Anreizklassen (z.B. Macht, Leistung) verantwortlich sind.

2. Was versteht man unter Leistungsmotivation (Definition)? Was ist Lernmotivation? Wo liegen die Unterschiede?

- Lernmotivation: Wunsch oder Absicht, bestimmte Inhalte oder Fähigkeiten zu erwerben, überdauernde Motivation
- Leistungsmotivation: Wunsch oder Absicht, etwas zu leisten (zwei Verhaltenstendenzen: Hoffnung auf Erfolg vs. Furcht vor Misserfolg)
- Unterschiede: Ziele, Verhalten, Länge der Motivation

3. Wodurch ist das typische Verhalten von erfolgszuversichtlichen Personen und misserfolgsvermeidenden Personen in Leistungssituation gekennzeichnet?

Erfolgszuversicht (Annäherungstendenz):
- Erfolgsmotivierte sind höher motiviert bei Aufgaben mittlerer subjektiver Schwierigkeit und strengen sich mehr an
- Personen sind generell eher geneigt, sich Leistungssituationen zu stellen

Misserfolgsängstlichkeit (Vermeidungstendenz):
- Misserfolgsmotivierte neigen dazu, Leistungssituationen und Aufgaben mittlerer Schwierigkeit zu vermeiden, sich dabei weniger anzustrengen, und sie bevorzugen Aufgaben extremer Schwierigkeit oder sehr leichte Aufgaben.

4. Wie lässt sich Lernmotivation bei Schülern fördern?

- Aufgaben sollten anspruchsvoll, herausfordernd, aber noch lösbar sein
- SuS sollten unmittelbar den Zusammenhang zwischen eigener Anstrengung und Resultat erfahren (Erfolgserleben)
- Unterstützung selbstwertförderlicher Attribution
- Transparente Lernziele und -wege
- Nahziele
- Inhaltliche Relevanz, Instruktionsqualität, Interesse des Lehrenden, Autonomieerfahrung, soziale Einbindung

5. Welche sind die zentralen Komponenten im Risikowahl-Modell? Warum ergibt sich eine umgekehrte U-förmige Kurve?

Die Bereitschaft zur leistungsorientierten Tätigkeit wird durch drei Faktoren bestimmt:
- Subjektive Wahrscheinlichkeit, ein Ziel zu erreichen (Erwartung)
- Anreizwert des angestrebten Ziels (Wert)
- Stärke des Erfolgs- bzw. Misserfolgsmotivs (Persönlichkeitsmerkmale)

→ Erwartung x Wert-Modell → ein Personfaktor (Leistungsmotiv) und zwei situative Faktoren (Anreiz und Schwierigkeit einer Aufgabe)

Warum ist die Kurve umgekehrt u-förmig? (Voraussetzung Leistungsmotivation)
- Ein Erfolg ist um so attraktiver und motivierender, je riskanter bzw. weniger wahrscheinlich er ist.
- Die Leistungsmotivation steigt, je stärker das individuelle Erfolgsmotiv das Misserfolgsmotiv übersteigt und je näher die Erfolgswahrscheinlichkeit am maximal motivierenden Wert 0,5 liegt.
- Erfolgsmotivierte sind höher motiviert bei Aufgaben mittlerer subjektiver Schwierigkeit.
- Misserfolgsmotivierte wählen eher sehr schwere oder sehr leichte Aufgaben.

Umgekehrte U-Kurve wegen multiplikativer Verknüpfung → höchste Motivation bei mittlerer Erwartung und Wert (Annahme Erwartung und Wert invers)

6. Welche Vorhersagen macht das Risiko-Wahl-Modell für die Auswahl von Aufgabenschwierigkeiten bei Hoffnung auf Erfolg und Furcht vor Misserfolg?
- Erfolgszuversicht: realistisch Zielsetzung, Wahl mittelschwerer Aufgaben, da diese die eigene Tüchtigkeit am ehesten widerspiegeln
- Misserfolgsmeidung: unrealistisch Zielsetzung, Wahl zu leichter oder zu schwerer Aufgaben, um Anforderungssituationen zu meiden („Das schaffe ich eh.") und Bedrohung abzuwenden („Das schafft sowieso keiner.")

Selbstbewertungsmodell der Leistungsmotivation

	Motivausprägung	
	Erfolgszuversicht	Misserfolgsmeidung
Zielsetzung/ Anspruchsniveau	realistisch, mittelschwere Aufgaben	unrealistisch, zu leichte, zu schwere Aufgaben
Attribution Erfolg	Anstrengung, gute Fähigkeit	Glück, leichte Aufgaben
Attribution Misserfolg	Mangelnde Anstrengung, Pech	Mangelnde Fähigkeiten
Selbstbewertung	Erfolgs-Misserfolgs-Bilanz positiv	Erfolgs-Misserfolgs-Bilanz negativ

7. Unter welcher Bedingung verstärkt sich nach Rheinberg und Vollmeyer (2012) bei Schülern mit Furcht vor Misserfolg die Tendenz, subjektiv extrem einfache oder extrem schwierige Aufgaben zu wählen?
- Extrem leichte Aufgaben: wenn die Wahrscheinlichkeit auf Erfolg sehr groß ist; wenn der Anreiz des Erfolges sehr stark; wenn die Gesamtmotivation (= wie sehr werden Handlungssituationen leistungsthematisch wahrgenommen und interpretiert) sehr gering ist
- Extrem schwere Aufgaben: Wenn die Wahrscheinlichkeit auf Erfolg sehr gering ist; wenn der Anreiz des Erfolges sehr schwach ist; wenn die Gesamtmotivation sehr hoch ist

8. Welche Faktoren beeinflussen die Selbstbewertung nach dem Selbstbewertungsmodell?

- Ausprägung des Leistungsmotivs
- Anspruchsniveau
- Leistungsresultat
- erlebte Ursache für das Ergebnis (Attribution)

9. Nennen Sie Beispiele für die verschiedenen Erwartungen und Anreize im Erweiterten Kognitiven Motivationsmodell!

- Situations-Ergebnis-Erwartung: Umfeld (z. B. Ergebnis ist durch die Situation schon festgelegt)
- Handlungs-Ergebnis-Erwartung: Handlungswirksamkeit → Kann das Ergebnis durch das eigene Handeln beeinflusst werden.
- Ergebnis-Folge-Erwartungen: Wertigkeit möglicher Folgen
- Situations-Handlungs-Erwartung: Selbstwirksamkeit → Gewissheit aufgrund der eigenen Fähigkeiten die Situation zu meistern
- Vollzugsanreize: intrinsisch → Tätigkeit an sich ist motivierend
- Folgenanreize: extrinsisch → Folgen der Handlung motivieren

10. Wann entsteht nach dem Erweiterten Kognitiven Motivationsmodell ein Motivationsdefizit? Nennen Sie ein Beispiel, bei dem es auf einer oder auf mehreren Ebenen zu einem Motivationsdefizit kommt!

- Situations-Ergebnis-Erwartung: Situation alleine bestimmt das Ergebnis → Motivationsdefizit
- Handlungs-Ergebnis-Erwartung: Ergebnis kann nicht durch das eigene Handeln beeinflusst werden → Motivationsdefizit
- Ergebnis-Folge-Erwartungen: Folgen des Ergebnisses sind unwichtig → Motivationsdefizit bzw. das Ergebnis würde nicht die gewünschten Folgen nach sich ziehen → Motivationsdefizit
- Situations-Handlungs-Erwartung: eine Handlung unter diesen Umständen würden nicht klappen → Motivationsdefizit

3. Motivationale Orientierungen

1. In welcher Hinsicht unterscheiden sich Lern- und Leistungszielorientierung?

Lernzielorientierung (Aufgabenorientierung)	Leistungszielorientierung (Ich-Orientierung)
Vornehmliche Beschäftigung mit dem Erwerb neuer Fähigkeiten und Fertigkeiten	Vornehmliche Beschäftigung mit Leistungssituationen und sozialen Vergleichen
Bemühen, ständig die Kompetenzen zu steigern	Bemühen, ständig eigenen Stärken zu zeigen
Leistungsverhalten intrinsisch motiviert	Leistungsverhalten extrinsisch motiviert
Vorherrschen einer individuellen Vergleichsperspektive zur Bewertung von Leistungen	Vorherrschen einer sozialen Vergleichsperspektive bei der Bewertung von Leistungen

2. Welche Zielorientierungen finden sich im Zusammenhang mit der Stabilitätstheorie der Begabung (entity) und der Zuwachstheorie (incremental)? Formulieren Sie zu jeder der beiden Theorien jeweils eine passende Beispiel-Aussage.

Zielorientierung Stabilitätstheorie der Begabung (entity):
- "Abschneiden in Mathe ist Begabung"
- Leistungsziele
- in der Schule gefördert durch die Beurteilung von Traits (Eigenschaften, Begabung)
- Entidy-Personen nehmen strenge Beurteilungen vor, die nicht offen sind für Änderungen
- Entidy-Eltern sehen Talent als Erfolgsindikator

Zielorientierung Zuwachstheorie (incremental):
- "Mathe kann man lernen"
- Lernziele in der Schule gefördert durch Prozess-Beurteilungen
- Incremental-Eltern sehen Anstrengung als Erfolgsindikatoren

3. Welcher Zusammenhang besteht zwischen den verschiedenen Zielorientierungen, schulischem Lernen und der Leistung?

hohe Lernzielorientierung (Aufgabenorientierung):
- korrespondiert mit Tiefenverarbeitungsstrategien
- stützt intrinsische Motivation
-

hohe Leistungszielorientierung (Ich-Orientierung):
- korrespondiert mit Oberflächenstrategien
- stützt extrinsische Motivation
- kann nach wiederholtem Misserfolg zu hilflosem Verhalten in Leistungs- und Lernsituationen führen

- Beurteilung von Traits (Eigenschaften, Begabung) fördert Entity Theory
- Prozess-Beurteilung fördert Incremental-Theory
- Erwachsene beurteilen Kinder nach ihren eigenen Konzepten von Intelligenz
- Entity-Personen nehmen strenge Beurteilungen vor, die nicht offen sind für Änderungen
- Incremental-Eltern sehen Anstrengung, Entity-Eltern Talent als Erfolgsindikatoren

4. Bitte erarbeiten Sie zu jeder der vier Zielorientierungen (Annäherungslernziel-, Annäherungsleistungsziel-, Vermeidungslernziel- und Vermeidungsleistungszielorientierung) eine Aussage, die für Personen mit der jeweiligen Zielorientierung zutreffend wäre.

Annäherungslernzielorientierung:
- Im Unterricht strenge ich mich an, weil ich neue Dinge lernen möchte.
- Ich beteilige mich am Unterricht, damit ich möglichst viel lerne.

Annäherungsleistungszielorientierung:
- In der Schule strenge ich mich an, um besser als die anderen zu sein.
- Im Unterricht versuche ich, den anderen zu zeigen, wie gut ich bin.

Vermeidungslernzielorientierung:
→ perfektionistisches Streben, um jegliches Missverstehen oder Nichtbewältigen einer Aufgabe auszuschließen
- Ich strenge mich nicht an, weil ich das sowieso nicht lernen werde

Vermeidungsleistungszielorientierung:
- In der Schule achte ich darauf, dass mich die anderen nicht für dumm halten.
- Im Unterricht bemühe ich mich, den Eindruck zu vermeiden, dass ich die Aufgaben nicht kann.

5. Welche Zielorientierungen sind leistungsförderlich oder leistungshinderlich?

- leistungsförderlich: (Annäherungs-)Lernzielorientierung, aber auch eine hohe (Annäherungs-) Leistungszielorientierung
- leistungshinderlich: Vermeidungslern- und -leistungszielorientierung
- Lernziele führen zu höherer Leistung als Leistungsziele
- Annäherungsziele führen auch zu guten Leistungen, aber eher kurzfristig
- Vermeidungsziele führen kurz- oder langfristig zu schlechteren Leistungen

6. Welche Faktoren haben einen Einfluss auf die Entwicklung von Zielorientierungen und wie kann die Lernzielorientierung im Unterricht gefördert werden?

- Systematische Vermittlung von Lernzielen kann Orientierungen ändern und Leistungen verbessern

Förderung einer Lernzielorientierung:
- Schülern vermitteln, dass der Hauptsinn des Arbeitens in der Schule das Lernen (Erwerb von Wissen & Kompetenzen) ist und nicht, gute Noten zu bekommen
- Hervorhebung des Wertes und der praktischen Bedeutung des Unterrichtsstoffs und des Interesses daran
- die Bedeutung von Noten weniger betonen
- Vermeidung konkurrenzbetonter Benotung (weil die, die ihre Fähigkeiten als niedrig einschätzen, schon im Vorhinein aufgeben)
- Verwendung von (Lern-)Aufgaben, die herausfordernd, bedeutsam und praxisbezogen sind.
- Benutzung von Diagnose- und Bewertungstechniken, die Verständnis und Wissen erfassen, ohne einen starken individuellen Wettbewerb zu erzeugen.
- Herstellung kooperativer, Vermeidung rivalisierender Zielstrukturen im Unterricht

→ TARGET-Programm von Ames:
- Task Design (Gestaltung von Aufgaben): Interesse und Engagement soll gesteigert werden
- distribution of Authority (Verantwortungsübergabe): Schüler sollen Verantwortung für ihren Lernprozess übernehmen
- Recognition of students (Anerkennung zeigen): Einsatz von Lob, Verwendung der individuellen Bezugsnorm
- grouping arrangements (Gruppenarbeitsphasen): Einsatz kooperativer Lernformen, Herstellung eines positiven Klassenklimas
- Evaluation practices (Bewertung im Unterricht): Erfassung und Beobachtung des Lernens/des Lernprozesses, individuelle BNO
- Time allocation (zur Verfügung stehende Zeit): flexibles Zeitkontingent bei der Bearbeitung von Aufgaben

7. Welche Merkmale charakterisieren den „Lernraum" zur Förderung von Lernzielorientierung?

notenfreier Raum, individuelle Bezugsnorm der Rückmeldung, Förderung von Lernzielen /-motivation

8. Welche Kombinationen aus Zielorientierung und Begabungskonzept sind aus pädagogischer Sicht als kritisch zu bewerten und warum?

Risikogruppe 1: Leistungszielorientierte mit niedrigem Fähigkeitsselbstkonzept und Stabilitätsannahme
- Hilflosigkeit in Lern- und Leistungssituationen
- Unterschätzung der eigenen Fähigkeiten
- Überschätzung der Leistung der Mitschüler
- Misserfolgserwartung bzgl. zukünftiger Leistungen

Risikogruppe 2: Schüler mit unrealistisch hohem Selbstkonzept
- Überschätzung der eigenen Fähigkeiten
- mangelnde Vorbereitung auf Leistungssituationen
- Vermeidung von Herausforderung, geringe Ausdauer bei Schwierigkeiten, häufigere negative Affekte
- Leistungssorgen mindern Freude und Interesse

9. Beschreiben Sie, was Mietzel (2010) unter der inversen Beziehung von Fähigkeit und Anstrengung versteht und welchen Einfluss dies auf das Verhalten der Jugendlichen hat.

Beginn ihrer Schulzeit: Schüler nehmen ihre Fähigkeit als ein Merkmal wahr, auf das sie durch Anstrengung Einfluss nehmen können. Unterschiede in den Leistungsergebnissen: werden auf jeweils erbrachten Anstrengungseinsatz zurückgeführt. Eine Änderung in der Wahrnehmung der beiden Ursachen Fähigkeit und Anstrengung tritt erst im Alter von 11 bis 12 Jahren ein und wird fortan in inverser Beziehung gesehen. Die Lernfreude nimmt ab bzw. die Lernunlust nimmt zu. Es entwickelt sich die Tendenz, die Orientierung an Leistungszielen zu erhöhen, während simultan die Orientierung an Lernzielen abnimmt.

4. Selbstbestimmung, intrinsische Motivation und Interesse

1. Welche Grundbedürfnisse müssen nach der Selbstbestimmungstheorie von Deci & Ryan befriedigt sein, damit eine intrinsische Motivation entstehen kann?

- Selbstbestimmung (kein äußerer Druck),
- Kompetenzbedürfnis (Handlung → Kompetenz),
- Soziale Akzeptanz

2. Nennen Sie Möglichkeiten, um die von der Selbstbestimmungstheorie angenommenen menschlichen Bedürfnisse im Unterricht zu befriedigen?

- Handlungsoptionen,
- Sinnorientierung
- Erfolgserfahrungen,
- Klima sozialer Aufgeschlossenheit,
- Rückmeldungen

3. Welche Einflüsse hat Selbstbestimmung bzw. Autonomieerleben auf das Lernen und die Leistung?

autonom wahrgenommene Handlungen sind intrinsisch motiviert und selbstbestimmt, während Handlungen, die von außen kontrolliert erlebt werden, extrinsisch motiviert sind

Positiv auf: Emotionale Qualität des Lernprozesses, Qualität der kognitiven Lernergebnisse, Bereitschaft zum Weiterlernen, Transfer und Erfahrung von Selbstwirksamkeit

4. Was verstehen Deci und Ryan unter dem Prozess der Internalisation? Welche Formen der Internalisierung der Verhaltensregulation unterscheiden sie?

- Person übernimmt und integriert Ziele und Verhaltensnormen in das eigene Selbstkonzept, um sich mit anderen Personen verbunden zu fühlen und gleichzeitig eigene Handlungen autonom bestimmen zu können
- optimaler Internalisierungsprozess: Person identifiziert sich mit der Bedeutsamkeit der sozialen Regulationen und integriert diese vollständig in ihr selbst, sodass diese schließlich als eigene , selbst verursachte Handlungen wahrgenommen werden
- soziale Regulationen und Werte können auch external bleiben oder nur teilweise internalisiert werden → nur zum Teil internalisierte Formen der Verhaltensregulation werden, je nach Ausmaß der Internalisierung, als external, introjiziert oder identifiziert bezeichnet und repräsentieren somit weniger selbstbestimmte Verhaltensweisen
- Prozess mit vier Formen zunehmenden Ausmaßes der Internalisierung der Verhaltensregulation:

a) Externale Regulation

- Motivationsform, die völlig fremdbestimmt und von außen kontrolliert ist) → betrifft z. B. Verhaltensweisen, die wegen drohender Sanktionen, Belohnungen oder aufgrund äußerer Zwänge durchgeführt werden

b) Introjizierte Regulation

- Normen werden übernommen ohne Implementierung in die eigenen Wertvorstellungen.
- Grad der Internalisation ist sehr gering. Die Regulation liegt zwar in der Person, wurde aber nicht in das Selbst integriert.
- Verhalten bleibt weiterhin überwiegend fremdbestimmt, z.B. schlechtes Gewissen, wenn man nicht normgerecht handelt.

c) Identifizierte Regulation

- Identifikation mit einem ursprünglich von außen vorgegebenen Ziel.
- Internalisierungsgrad ist stärker ausgeprägt als bei der introjizierten Verhaltensregulation
- Handlungsziel stammt zwar noch nicht von der Person selbst, wird aber übernommen. Die Person kann sich damit identifizieren.

d) Integrierte Regulation

- bei integrierter Regulation ist der höchste Grad der Internalisierung erreicht
- ehemals von außen veranlasste Handlungen, Ziele und Normen, die der Handlung zugrunde liegen, wurden vollständig ins Selbstkonzept integriert.
- Individuum identifiziert sich mit seinem Tun und erlebt sich als Urheber eigenen Handelns.
- integrierte Verhaltensregulation ist die eigenständigste Form extrinsischer Motivation; sie bildet gemeinsam mit der intrinsischen Motivation die Voraussetzung selbstbestimmten Handelns und ist von daher als gleichwertig zu betrachten.

5. Welche zentralen Merkmale kennzeichnen den Person-Gegenstands-Bezug beim Vorliegen von Interesse?

- Emotionale Komponente („Gefühlsbezogene Valenz") Während Realisierung eines Interesses ergibt sich positive Erlebensqualitäten
- Wertbezogene Komponente („Wertbezogene Valenz"): Interessengegenstand & damit verbundenen Handlungen haben für Person herausgehobene subjektive Bedeutung

6. Welche Komponenten bestimmen das aktuelle Interesse des Schülers?

aktuelles Interesse = individuelles Interesse (Merkmale der Person) + situationelles Interesse bzw. Interessantheit (Merkmale der Lernumgebung)

- zentrales Kennzeichen von Interesse: Verbindung von emotionalen und wertbezogenen Merkmalskomponenten
- emotionale Merkmalskomponente: ein Interesse ist während seiner Realisierung mit überwiegend positiven Gefühlen und Erlebensqualitäten verbunden, z.B. mit optimaler Spannung und Freude an der Auseinandersetzung mit dem Interessengegenstand
- wertbezogene Merkmalskomponente: Interessengegenstand und inhaltliche Auseinandersetzung mit diesem Gegenstand für die Person eine herausgehobene subjektive Bedeutung besitzt

7. Welche Effekte hat Interesse auf das Lernverhalten und die Leistung?

- Lernstrategien, die eine tiefere Verarbeitung des Lernstoffs ermöglichen
- besseres Lernen insbesondere in Bezug auf „qualitative" Kriterien (z. B. Verstehen von Zusammenhängen,
- Erkennen von Querbezügen)

8. Grenzen Sie die verschiedenen theoretischen Ansätze zur Unterscheidung von extrinsischer und intrinsischer Motivation voneinander ab (Mc Reynolds, Heckhausen, Deci und Ryan).

Heckhausen:

Intrinsische Motivation: Gleichthematik und Zielorientierung

- Lernen dient der Erreichung positiver und Vermeidung negativer Folgen
- Soziale Motivation: positive Bewertung, Lob
- Kompetenzmotivation: hohen Grad an Kompetenz erreichen
- Wettbewerbsmotivation: besser sein als andere
- Berufsmotivation: dem Berufsziel näher kommen
- Leistungsmotivation: Erfolge erzielen bzw. Misserfolge vermeiden

Intrinsische Motivation	Extrinsische Motivation
bei Lernzielorientierung (Kompetenzen erwerben): hier sind Lernen und Folgen (Lernzuwächse) thematisch gleich	bei Leistungszielorientierung (Kompetenzen demonstrieren): Handeln und Folgen (positive Effekte von Leistungen) fallen thematisch auseinander

→ siehe erweitertes kognitives Motivationsmodell nach Heckhausen

Situation → Handlung → Ergebnis → Folgen → intrinsische, extrinsisch oder Selbstbewertung

        (tätigkeits-   Folgenanreize   - Ergebnis
        spezifische   (Valenzen)   - Attribution
        Vollzugsanreize)   - Anspruchsniveau

- Verbindung von Handlung und Folgen bei extrinsischer Motivation thematisch nicht gleich,
- wenn Handlung und Folgen gleichthematisch sind, dann Folgen intrinsischer Art (→ Zugewinn von Kompetenzen; zeigt, dass Schüler dazulernt)

zusätzliche Unterscheidung zwischen zwei Typen intrinsischer Motivation:

- Anreiz liegt in der Tätigkeit (z.B. Flow): man geht in der eigentlichen Tätigkeit auf; von Tätigkeit eingenommen sein
- Anreiz liegt im Gegenstand (Interesse): Interesse am eigentlichen. Gegenstand

Tätigkeitsanreiz	Gegenstandszentriert
Handlung wird um ihrer selbst willen durchgeführt	bezieht sich auf das Interesse an Gegenständen (Mathe, Chemie, ...).
Handlung selbst fungiert als Belohnung: positive Erlebniszustände werden unmittelbar mit der Handlung assoziiert	
Lernen aus Interesse, Spaß oder als Herausforderung	
bezieht sich auf Aktivitäten (Malen, Sport, Handwerken, ...)	

<u>Selbstbestimmungstheorie nach Deci & Ryan</u>

Grundbedürfnisse für Entstehung intrinsischer Motivation:

- Selbstbestimmung: ohne äußeren Druck der Initiator der Handlung sein
- Kompetenzbedürfnis: Gefühl der Kompetenz als Belohnung für die Handlung
- Konzept der intrinsischen Motivation wesentlich weiter ausdifferenziert als bei Selbstbestimmungstheorie
- Differenzierung erfolgt auf Dimension intrinsischer bis hin zu extrinsischer Motivation
- Annahme, dass externe von der Gesellschaft vorgegebene Handlungsziele verinnerlicht werden
- folgende Bedürfnisse spielen wesentliche Rolle:Selbstbestimmung, Kompetenz, soziale Akzeptanz
- Frage, wie solche externen Handlungsziele internalisiert werden und selber zur intrinsischen Motivation werden
- Vier Stufen der Internalisierung werden unterschieden, wie hoch der Grad der wahrgenommenen Selbstbestimmung ist

<u>McReynolds:</u>

- nur solche Verhaltensweisen intrinsisch motiviert, die nur um der ablaufenden Tätigkeit selbst erfolgen
- extrinsisch: alles, was Endzustände oder Ziele anstrebt.

9. Was versteht man unter dem Korrumpierungseffekt der Belohnung (Krapp und Ryan, 2002)?

- Normen werden ohne Implementierung in die eigenen Wertvorstellungen übernommen
- geringer Grad der Internalisation
- Verhalten bleibt überwiegend fremdbestimmt

5. Attributionen und emotionale Einflüsse auf Lernen und Leistung

1. Was sind Kausalattributionen und welche Funktionen haben sie?

- Attributionstheorie: Beschäftigung mit der Wahrnehmung von Kausalität bzw. den wahrgenommenen Ursachen für das Eintreten eines bestimmten Ereignisses (Weiner)
- Attributionen: Ursachenzuschreibungen, Erklärung von eigenem Verhalten oder anderer; ebenso Eigenschaftszuschreibung bei Personen, sowie Unterstellung von Handlungsmotiven, Absichten oder Überzeugungen
- Attributionen sind nicht direkt beobachtbar, sondern werden erschlossen
- Kausalattribuierung: Menschen sind motiviert, sich selbst und Ereignisse ihrer Umwelt zu verstehen; sie möchten wissen, warum Ereignisse aufgetreten sind, vor allen, wenn sie bedeutsam und unerwartet sind
- Funktionen: Attributionen machen Ereignisse und/oder Handlungen: verstehbar, vorhersagbar, kontrollierbar

2. Welche vier Urteilsverzerrungen bzw. attributionalen Fehler gibt es, und wie lassen sie sich unterscheiden? Finden Sie Beispiele.

1. Fundamentaler Attributionsfehler

- generelle Neigung von Beobachtern, bei Erklärungen von Verhalten Einfluss von Personenmerkmalen zu betonen und Einfluss von Situationsmerkmalen eher zu vernachlässigen
- internale Faktoren werden überbewertet (Bsp. Schule: Noten sind allein durch Anstrengung und Fähigkeit zu erlangen)
- externale Faktoren werden vernachlässigt (Bsp. Schule: Müdigkeit, familiärer Kontext etc. werden bei der Notenvergabe des Lehrers nicht berücksichtigt)

2. Perspektiveneffekt

- Urteilsperspektive beeinflusst Kausalattribution
- Handelnder erklärt eigenes Verhalten eher situativ bedingt
- Außenstehender erklärt Verhalten (des Handelnden) eher anhand personaler Merkmale
- Beobachter bevorzugt internale Faktoren (Bsp.: Lehrer sieht Grund für schlechte Leistung in mangelnder Anstrengung)
- Akteur bevorzugt externale Faktoren (Bsp.: Schüler sieht Grund für schlecht Leistung im Schwierigkeitsgrad der Aufgabe (in der Person des Lehrers)

3. Falscher-Konsens-Effekt

- eigenes Verhalten, eigene Wahrnehmungen, Einschätzungen, Überzeugungen werden für verbreiteter gehalten, als sie es tatsächlich sind

4. Selbstwertschützende Attribution

- eigene Misserfolge werden bevorzugt external attribuiert (entschuldbar)
- eigene Erfolge werden bevorzugt internal attribuiert (Selbstwert)
- Einfluss auf die Kausalattribution:
  - Wirkung auf den Prozess der Ursachenzuschreibung
  - gute Ergebnisse: werden eigenem Verdienst angerechnet, Schuld für schlechte wird geleugnet
  - Funktion: Schutz der Selbstachtung
  - Neigung, für ein positives Ergebnis die Verantwortung zu übernehmen und externale Ursachen als Erklärung für Misserfolg zu sehen
- Erfolg wird eher internal attribuiert, Misserfolg external

3. Welche drei Dimensionen der Kausalattribution nennt Weiner (1994) in seinem erweiterten dreidimensionalen Ursachenschema und was sind die möglichen Ausprägungen dieser Dimensionen?

- Lokalität
- Stabilität
- Kontrollierbarkeit

kausale Dimension	Fähigkeit	Anstrengung	Zufall
Lokalität	internal	internal	external
Stabilität	stabil	variabel	variabel
Kontrollierbarkeit	nein	ja	nein

a) Verortung (Lokalisation) von Ursachen

internale Attributionen	externale Attributionen
Die Ursachen eines Ereignisses oder Verhaltens werden der betreffenden Person zugeordnet (z. B. Fähigkeiten, Eigenschaften, Anstrengung, Stimmungszustände).	Äußere Faktoren werden als Ursache herangezogen (z.. Anforderungen, andere Personen oder Zufall).

b) Stabilität oder Variabilität der Ursache

stabile Attributionen	variable Attributionen
... sind z.B. Verweise auf äußere Erscheinungsmerkmale der Person, aber auch erworbene Fähigkeiten oder eingefahrene Persönlichkeitszüge	...sind z.B. veränderbare Erscheinungsmerkmale, flüchtige Stimmungen, Situationsmerkmale
stabile/andauernde Eigenschaftsmerkmale	

c) Kontrollierbarkeit

Kontrollierbarkeit: "Möglichkeit, die Ursache zu verändern."

Kontrollierbarkeit	Unkontrollierbarkeit
Möglichkeit gegeben	keine Möglichkeit sichtbar
Beispiel: situative Anstrengungen, Müdigkeit	Beispiel: Zufall, Begabung, Krankheit

4. Finden Sie Beispiele für internal-stabile, internal-variable, external-stabile und external-variable Ursachenattributionen nach Weiner.

	kontrollierbar	unkontrollierbar
internal-stabil	Anstrengungsbereitschaft	Fähigkeit
internal-variabel	situative Anstrengung	Stimmung, Müdigkeit
external-stabil	Anstrengungsbereitschaft anderer	Lehrereinstellung gegenüber SuS, Aufgabenschwierigkeit
external-variabel	situative Anstrengung anderer, Hilfe	Zufall, Stimmung des Lehrers oder der anderen

5. In welcher Weise hängen Emotionen und Erwartungen in Bezug auf zukünftige Ergebnisse mit den von Weiner beschriebenen kausalen Dimensionen zusammen?

mittels Kausalattributionen erklären wir uns die Ursachen für Ereignisse!

Ergebnis-Verhalten bewertung		Attribution Reaktionen	Emotionale
Erfolg/ Misserfolg	internal/external stabil/variabel	Stolz, Scham, Ärger	Aufgabenwahl Initiative Ausdauer Leistung

Attribution	Erfolg	Misserfolg
Fähigkeit	Kompetenz, Zuversicht, Stolz	Inkompetenz, Resignation/Depression, Scham/Beschämung
Anstrengung	Erleichterung, Zufriedenheit, Entspannung	Schuld, Scham, Furcht
Handlungen anderer	Anerkennung, Dankbarkeit	Ärger, Furcht
Glück/Zufall	Überraschung	Überraschung

Attributionen, Emotionen, Erwartungen und Leistungshandeln

Ereignis	Attribution	Emotion/Erwartung	Verhalten
Erfolg	Glück	Gleichgültigkeit, minimal steigende Erfolgserwartung	keine Leistungsbereitschaft
Misserfolg	mangelnde Fähigkeit	Scham, Depression, Inkompetenz	geringe Leistungsbereitschaft
Erfolg	ausgeprägte Fähigkeit	Stolz, gehobener Selbstwert, hohe Erfolgserwartung	hohe Leistungsbereitschaft, Ausdauer
Misserfolg	ungenügende Anstrengung	Schuld, Ärger, relativ hohe Erfolgserwartung	hohe Leistungsbereitschaft, Ausdauer

- Stabilitätsdimension hat Einfluss auf Erwartungsänderungen bezüglich Erfolg und Misserfolg
- Lokationsdimension und Kontrollierbarkeit haben motivierende und affektive Konsequenzen
- Stabilitätsdimension: Einfluss auf Erfolgserwartung und entsprechende Auswirkungen auf das Verhalten
  → Erfolg, der durch stabile Faktoren erklärt wird, hat für zukünftige Erwartungen ebenfalls Erfolg im Blick
  → Misserfolg, der durch Unfähigkeit attribuiert wird, wird durch zukünftige Erfolgserwartungen negativ beeinflusst

6. Wie attribuieren Personen mit erlernter Hilflosigkeit Misserfolge?

- internal: negatives Selbstwertgefühl
- external: unkontrollierbare Anforderungen
- Defizit bei Motivation, Ausdauer, Leistung (trotz objektiv ausreichender Fähigkeiten)
- ungünstige Attributionen (Unfähigkeitsattributionen) angesichts von Misserfolg können zu Zuständen von „Hilflosigkeit" führen
- Attribution: internal, stabil und global

7. Worauf attribuieren Sie, wenn Sie einem Schüler nach Erfolg selbstwertförderliche bzw. motivationsförderliche Rückmeldungen geben wollen?

- selbstwertfördernd: internal stabil (Fähigkeit)
- motivationsfördernd: internal variabel (Anstrengung)

8. Worauf attribuieren Sie, wenn Sie einem Schüler nach Misserfolg selbstwertschützende bzw. motivationsförderliche Rückmeldungen geben wollen?

- selbstwertschützend: external (Fähigkeit schützend)
- motivationsfördernd: internal variabel (ungenügende Anstrengung)

9. Welche Möglichkeiten haben Sie als LehrerIn, ein günstiges Attributionsmuster bei Ihren SUS zu fördern?

- Modellierungstechnik: stellvertretend für die Person mit einem unerwünschten/ungünstigen Attributionsstil verbalisiert ein Modell die erwünschte Attribution (z.B. durch ein reflektierendes (Selbst-)Gespräch nach einem Test)
- Kommentierungstechnik: Handlungsergebnisse werden im Sinne erwünschter Attributionen kommentiert: verbal, schriftlich, operant (= Personen werden selektiv für erwünschte Attributionen verstärkt)
- Möglichkeiten der Intervention durch den Lehrer:
  - Qualität der Stoffdarbietung,
  - Meiden indirekter Mitteilungen über Fähigkeitseinschätzungen,
  - Bezugsnormorientierung (individuelle Bezugsnorm statt soziale Bezugsnorm),
  - Begründung eines Erfolges durch internal stabile Faktoren, Begründung eines Misserfolgs durch internal variable Faktoren,
  - „Prinzip der Passung"(adäquate, angemessene, herausfordernde Aufgaben stellen),
  - Hilfe bei Bewältigungsstrategien (Teamwork Lernstrategien etc.),
  - Kontrollierbarkeit der Aufgabenbewältigung
- schulische Praxis:
  - Selbstwirksamkeit und Selbstvertrauen stärken
  - Erfolg nicht nur der Fähigkeit/dem Talent zuschreiben. Damit würde Anstrengung zweitrangig.
  - Durch Nahziele und/oder variierende Aufgabenschwierigkeiten können auch misserfolgsorientierte Schüler mit Anstrengung einen Erfolg verzeichnen
  - Ein Lehrer sollte den Unterschied zwischen Faulheit und geringer Anstrengung erkennen. Anstrengung ist ein variabler, Faulheit ein stabiler Faktor!
  - Lehrer sollten Schülern deutlich vermitteln, dass hauptsächlich internale Faktoren für Erfolg bzw. (internal) variable Faktoren für Misserfolg verantwortlich sind!

6. Bezugsnormorientierung

1. Welche Bezugsnormen können hinsichtlich der Bewertung von (schulischen) Leistungen unterschieden werden? Wie werden Leistungen jeweils beurteilt?

	Soziale Bezugsnorm	Individuelle Bezugsnorm	Sachliche Bezugsnorm
Messen der Leistung	Vergleich mit Mitschülern	Vergleich mit früheren Leistungen	Vergleich mit Lehr- und Lernzielen
Leistungsverbesserung	Nicht sichtbar, außer sie sind überdurchschnittlich	Unabhängig von den Mitschülern sichtbar	Unabhängig von früheren Leistungen und denen anderer
Leistungsbeurteilung	Abhängig vom eigenen Rangplatz in der Klasse	Abhängig von eigenen Leistungsveränderungen	Abhängig vom Ausmaß der Lernzielerreichung
Rückmeldung	zu Leistungsunterschieden zwischen SuS	zur Leistungsentwicklung	zu Lernzielen

2. Wie unterscheiden sich Lehrer bei Verwendung einer sozialen vs. einer individuellen Bezugsnorm hinsichtlich der Leistungsbewertung, der Ursachenzuschreibung von Leistungsergebnissen, der Erwartungen an zukünftige Leistungen von Schülern und der Aufgabenstellungen?

	Soziale Bezugsnorm	Individuelle Bezugsnorm
Leistungsbewertung/Notengebung	Leistungsvergleiche zwischen SuS im zeitlichen Querschnitt	Leistungsvergleiche innerhalb eines Schülers im zeitlichen Längsschnitt
Ursachenzuschreibung	zeitstabile Persönlichkeitseigenschaften (Begabung)	Variable, Entwicklungspotential (Anstrengung)
Erwartungen	Langfristig: orientiert an generellen Leistungsniveaus	Kurzfristig: orientiert am aktuellen Kenntnisstand
Aufgabenstellungen	Angebotsgleichheit (keine Individualisierung)	Prinzip der Passung (Individualisierung)
Rückmeldung	Zu Leistungsunterschieden zwischen SuS	Zur individuellen Leistungsentwicklung

3. Aus welchem hauptsächlichen Grund ist die Verwendung einer individuellen Bezugsnorm motivationsförderlich?

- klarer Zusammenhang zwischen Anstrengung und Leistung
- Lernzuwachs erlebbar → optimistische Einschätzungen von Leistungsentwicklung und Leistungspotential
- höhere Selbstwirksamkeit
- klarer Zusammenhang zwischen Anstrengung und Leistung
- Lernzuwachs erlebbar → optimistische Einschätzungen von Leistungsentwicklung und Leistungspotential
- höhere Selbstwirksamkeit

- empirisch positive Effekte individueller gegenüber sozialer Bezugsnormorientierung:
  - weniger Furcht vor Misserfolg
  - mehr Hoffnung auf Erfolg
  - weniger Prüfungsangst
  - weniger Schulunlust
  - realistischere Zielsetzungen
  - günstigere Attributionen und Selbstbewertungen
  - höhere Selbstwirksamkeit
  - geringere Hilflosigkeit
  - höheres Selbstkonzept der Begabung
  - mehr Mitarbeit im Unterricht
  - mehr Spaß am Unterricht

4. Welche Bezugsnormkombinationen haben sich als günstig, welche als ungünstig erwiesen?

Günstig

sachliche + individuelle Bezugsnorm

Ungünstig

sachlich + sozial (Wer ist den Lernzielen am nächsten gekommen?)

individuell + sozial (Wer hat sich am meisten verbessert?)

5. Welches sind blinde Flecken der drei verschiedenen Bezugsnormorientierungen?

Soziale Bezugsnorm

- Vergleiche nur innerhalb einer festen Schülergruppe
- Gemeinsamer und individueller Lernzuwachs nicht sichtbar
- Schüler erfahren eher nicht, dass eigenes Bemühen zu guten Resultaten führt

Individuelle Bezugsnorm

- Leistungsunterschiede zwischen Schülern werden ausgeblendet
- Ohne Vergleiche ist Selbsteinschätzung schwierig, so dass falsche Entscheidungen resultieren können (z.B. Studienfachwahl)

Sachliche Bezugsnorm

- Nur Information, ob man etwas geschafft hat oder nicht
- Lernfähigkeit bleibt unklar
- Fehlender Vergleich erschwert Selbsteinschätzung

6. Die Kombination welcher zwei Bezugsnormen ist besonders giftig und warum?

sachlich + sozial (Wer ist den Lernzielen am nächsten gekommen? → demotivierend für schwächere SuS)

individuell + sozial (Wer hat sich am meisten verbessert? → soziale Bezugsnormorientierung steht hier besonders im Vordergrund und wird besonders betont)

7. Welchen Effekt können Lob und Tadel in Bezug auf die verschiedenen Bezugsnormen haben?

Lehrer mit sozialer Bezugsnorm
- nur überdurchschnittlich gute oder schlechte Schüler werden thematisiert → Folge, dass gute Schüler viel lernen und schlechte Schüler weniger
- Rückmeldungen sagen den Schülern nur, was sie schon wissen

Lehrer mit individueller Bezugsnorm
- Rückmeldungen sind informativer
- alle SuS werden berücksichtigt, da Rückmeldungen nicht nach dem Leistungsniveaus eines Schülers vergeben werden

7. Stress- und Angstreduktion

1. Nennen Sie mindestens drei Situationsmerkmale, die mit erhöhter Wahrscheinlichkeit zu negativem Stress und Angst beitragen.

- negative Ereignisse
- Unvorhersehbarkeit
- Unkontrollierbarkeit
- uneindeutig
- überwältigend
- ressourcenüberschreitend
- Gefährdung wichtiger Lebensinhalte und Lebensziele

2. Welche Einschätzungen der Situation gehören nach dem Transaktionalen Modell zu den primären und sekundären Bewertungen?

primäre Bewertung: Ist ein Umweltreiz für das Wohlergehen relevant?
sekundäre Bewertung: Kann die Stresssituation mit den eigenen Ressourcen bewältigt werden?

3. Welche drei Stresseinschätzungen werden im Transaktionalen Modell unterschieden und wie sind sie charakterisiert?

Herausforderung	Bedrohung	Schaden/Verlust
• In der Bewertung wird die mit positiven Folgen verbundene Bewältigung der Anforderung bzw. deren Nutzen thematisiert • zumindest zeitweise durch ein eher positives emotionales Befinden gekennzeichnet • z. B.: Ich bin zuversichtlich, dass ich in der nächsten Zeit in der Schule gut zurecht komme.	• bezieht sich auf eine mögliche Schädigung, die noch nicht eingetreten ist, sondern antizipiert wird • damit sind Angstgefühle verbunden • z. B.: Ich befürchte, dass mir die schulischen Probleme über den Kopf wachsen. Ich zweifle an meiner Fähigkeit.	• bezieht sich auf die Wahrnehmung einer bereits eingetretenen Schädigung • die Person sieht die Einhaltung individueller Sollwerte durch derartige Schadens- und Verlustereignisse gefährdet und reagiert darauf mit Gefühlen von Ärger und Wut oder von Trauer, Hilflosigkeit und Verzweiflung • z. B.: Es lohnt sich gar nicht, dass ich mich noch weiter anstrenge.

4. Das Verhältnis welcher zwei Faktoren bestimmt das Stresserleben nach dem Transaktionalen Modell?

- Bewertung der Stressreize durch die Person
- Bewertung der zur Verfügung stehenden Ressourcen durch die Person

5. Entscheiden Sie bei folgenden Aussagen, ob es sich um problembezogenes oder emotionsbezogenes Coping handelt und formulieren Sie weitere Aussagen für beide Coping Strategien!

Problembezogenes Coping	Emotionsbezogenes Coping
Die Person befasst sich direkt mit den Bedingungen, von denen eine Schädigung, Bedrohung oder Herausforderung ausgeht. z. B.: – spreche ich sie sofort an und trage sie nicht lange mit mir herum. – diskutiere ich das Problem mit Freunden, Eltern, Lehrern o.ä.	Das Verhalten zielt auf die Linderung der Belastungssymptome. z. B.: – ziehe ich mich zurück, da ich doch nichts ändern kann. – versuche ich, mich abzureagieren, indem ich tanze, Musik höre o.a.

6. Welche beiden Komponenten bestimmen nach der kognitiven Angsttheorie bzw. der Zwei-Komponenten-Theorie das subjektive Erleben von Angst und welche Komponente ist für Leistungsminderung besonders bedeutsam?

- Emotionality/Aufgeregtheit (körperlich) und Worry/Besorgnis (kognitiv)
- besonders leistungshinderlich scheinen aufgabenirrelevante, selbstwertbedrohende und grübelnde Gedanken zu sein.

7. Wie umschreibt Schwarzer (1993) den Begriff Leistungsangst?

Ängste, die "angesichts von Leistungsanforderungen, als selbstwertbedrohlich eingeschätzt werden"

8. Worum handelt es sich bei folgenden Aussagen? (Die folgenden Aussagen sind als Übungsbeispiele zu verstehen. Sie müssen nicht mit den Beispielaussagen in der Klausur übereinstimmen!)

Aufgeregtheit (körperlich, emotionality)	Besorgnis (kognitiv, worry)
z. B.: Vor der Klassenarbeit ... verspüre ich Aufgeregtheit und Besorgtheit aber keine Angst. ... spüre ich ein komisches Gefühl im Magen. ... habe ich ein beklemmendes Gefühl.	z. B.: Vor der Klassenarbeit ... denke ich, dass die Arbeit schwierig wird und ich mich besonders anstrengen muss. ... mache ich mir Sorgen, ob ich auch alles schaffe. ...denke ich daran, wie wichtig mir ein gutes Ergebnis ist

9. Welche Möglichkeiten gibt es im Unterricht, Prüfungsangst bzw. –stress zu reduzieren?

- Transparenz
- viele kleinere Prüfungen als eine große Klassenarbeit (Nahziele: regelmäßige Rückmeldungen, erlebbare Leistungsfortschritte, herausfordernde Aufgaben)
- Wahlmöglichkeiten entsprechend individueller Fähigkeiten (z.B. mündlich oder schriftlich)
- faire, nicht überzogene schwierige Gestaltung der Prüfungen, möglichst wenig zeitlicher Druck

10. Zu welchen Bereichen sollte ein Transparenzpapier Auskunft geben?

- Thema der Arbeit
- konkrete Themenabschnitte benennen mit Gewichtung in der Arbeit (Punktzahl)
- Anforderungen (Aufgabentypen, Frageformen usw.)
- Punktzahl insgesamt
- Notenverteilung
- Gewichtung der Arbeit (Konsequenzen der Prüfungsleistung)
- Zeitpunkt der Arbeit
- Vorbereitungshilfen geben (z.B. Übungen, Beispiele, Quellen nennen)

8. Selbst- und Handlungsregulation

1. Beschreiben Sie die verschiedenen Phasen des Rubikon-Modells. Ordnen Sie die verschiedenen Prozesse den Phasen des Rubikon-Modells zu.

Motivationale Abwägephase: Fazit-Tendenz; Abwägen – Entscheidung – Absichtsbildung

→ Vorentscheidungsphase

- Wahl von Wünschen bzw. Zielen, die erreicht werden sollen
- Abwägung von Möglichkeiten führen als Fazit zu einer Entscheidung bzw. Zielintention
- Mit dem Vorliegen von Zielintentionen wird der Rubikon überschritten
- Auswahl der besten von verschiedenen Handlungsalternativen
- Auswahlkriterien: Wünschbarkeit und Machbarkeit der Alternativen
- Informationssuche erfolgt realitätsorientiert, d.h. nicht selektiv, sondern offen und unverzerrt (motivationale Bewusstseinslage)

Präaktionale Volitionsphase: Fiat-Tendenz; Auswahl – Handlungsplan entwerfen

→ Vorhandlungsphase/Planungsphase

- Nicht mehr welches Ziel, sondern wie das gewählte Ziel erreicht werden soll
- statt Zielbildung → Zielrealisierung
- Fokus wird von Motivation auf Volition verlagert
- wichtig: Umsetzung bzw. Realisierung der Zielintentionen (Zielinitiierung)
- Umsetzung: „Was-Wann-Wie-Wo"-Plan
- Fiat-Tendenz (lat.: „es geschehe")

Aktionale Volitionsphase: Handlungsumsetzung und -verfolgung

→ Handlungsphase

- Handlungsinitiierung bzw. –realisierung
- mit dem Handeln beginnen
- Handeln ausdauernd auf Ziel ausrichten
- sich nicht ablenken lassen
- flexible Anpassung bei Schwierigkeiten
- Zielerreichung als Abschluss
- Volitionale Anforderungen: Unwichtiges wird ausgeblendet, Wichtiges hervorgehoben.
- Zentrale Teilhandlungen werden bereit gestellt. Aufmerksamkeit und Wahrnehmung sind auf zielbezogene Hinweis- und Auslösereize eingestellt. Die Wirksamkeitserwartung ist optimistisch, mögliche Ablenkungen werden ausgeblendet

<u>Postaktionale Motivationsphase:</u> Bewertung des Handlungsergebnisses

→ <u>Nachhandlungsphase/Bewertungsphase</u>

- nach Abschluss/Abbruch Bewertung des Erreichten
- Vergleich des Erwünschten mit dem Erreichten
- Ist-Soll-Vergleich (Erfolg oder Misserfolg)
- evtl. Fehleranalyse und Korrekturbedarf
- attributionale Interpretation
- Umgang mit emotionalen Reaktionen
- mit Zielerreichung erfolgt eine Deaktivierung der Zielintention

[Zieldistanzierung: Deaktivierung eines Handlungsziels
Aktiver Prozess, bei dem den für das Zielengagement typischen Prozessen entgegen gewirkt wird:
- Abwertung des Ziels
- Aufwertung von Alternativzielen
- Verteidigung des eigenen Selbstwertes
- Allgemeiner Versuch, die Zieldistanzierung nicht zum Anlass für längerfristig eingeschränkte motivationale Ressourcen werden zu lassen]

2. Wann wird nach dem Rubikon-Modell der Rubikon überschritten?

Mit dem Vorliegen von Zielintentionen wird der Rubikon überschritten (in der ersten Phase : motivationale Abwägephase/Vorentscheidungsphase)

- Alternativen werden gegeneinander abgewogen, die Fazit-Tendenz verhindert eine endlose Ausdehnung des Abwägens
- Fazit-Tendenz: Streben, eine Entscheidung zu treffen (metavolitionaler Kontrollprozess)
- setzt sich eine Alternative gegen die übrigen durch, so wird der Rubikon überschritten, ein Ziel entsteht

3. Welche Aufmerksamkeits- bzw. Informationsverarbeitungsmerkmale kennzeichnen die motivationale, welche die volitionale Bewusstseinslage?

motivational:

- Vorentscheidungsphase:
  - Welches Ziel soll erreicht werden?/Was ist mein Wunsch?
  - Auswahlkriterien (Wünschbarkeit und Machbarkeit)
  - realitätsorientierte Informationssuche
  - Abwägen von Möglichkeiten, besten Handlungsalternativen -> Führen als Fazit zu einer Entscheidung/Zielintention -> somit dann Rubikon überschritten
- Nachhandlungsphase
  - Zieldistanzierung, Deaktivierung des Handlungsziels (zuvor: Ist-Soll-Vergleich,
  - Fehleranalyse, attributionale Interpretationen, Umgang mit emotionalen Reaktionen)

volitional:

- Vorhandlungsphase
  - wie wird gewähltes Ziel erreicht?
  - Zielrealisierung
  - Fokus Volition Zielinitiierung
  - Umsetzung (Wann-Wie-Wo-Was-Plan)
  - Fiat-Tendenz " es geschehe"
- Handlungsphase
  - Fokus aufs Handeln, ausdauernd aufs Ziel ausgerichtet, ohne sich ablenken zu lassen
  - flexible Anpassung bei Schwierigkeiten
  - permanente Selbstbeobachtung
  - Abschluss Zielerreichung

4. Welche zwei Regulationssysteme unterscheidet das Modell Selbstregulierten Lernens von Boekaerts?

kognitives, metakognitives Regulationssystem

- kognitiv: Memorierstrategien, Tiefenverarbeitung, Transformation
- metakognitiv: Planung und Zielpräsentation, Monitoring (Überwachung),
- Korrekturstrategien

motivationales Regulationssystem

- selbstbezogenen Kognitionen (Selbstkonzept der Begabung, Selbstwirksamkeit, Kontrollüberzeugungen), motivationale Präferenzen (Interessen, Aufgabenorientierung, Ichorientierung, intrinsische Motivation)
- Prüfungsangst
- subjektive Theorien der Begabung
- situationaler Motivationszustand (Aufmerksamkeit, Anstrengung, Ausdauer)
- volitionale Merkmale der Handlungssteuerung (Abschirmen gegen konkurrierende Intentionen, Umgang mit Erfolg und Misserfolg)

5. Welche Anforderungen stellt Selbstreguliertes Lernen nach Friedrich & Mandl (1997) an die Lernenden?

- Lernen vorbereiten (Vorwissen aktivieren)
- Lernhandlung durchführen (Verstehen, Behalten, Transfer,…)
- Lernen kontrollieren und regulieren
- Lernleistung bewerten, z.B. Selbstevaluation
- Motivation und Konzentration aufrechterhalten

6. Was sind nach Spinath zu fördernde Kompetenzen für die Motivationsregulation?

Motivationale Kompetenzen

- realistische Selbstwahrnehmungen bekräftigen, unrealistische Selbstwahrnehmungen nicht bekräftigen
- Konsequenzen (un-)realistischer Selbstwahrnehmungen erfahrbar machen
- realistische Rückmeldungen zu Stärken und Lernbedarf geben
- zu angemessenen (individuell mittelschweren bzw. herausfordernden) Aufgabenwahlen anleiten
- verschiedene Anreize von Tätigkeiten sichtbar machen

Volitionale Kompetenzen

- Ermutigung zu Zielsetzungen
- Anleitung zum richtigen Vorgehen bei Zielsetzungen (Ziele SMARTer formulieren)
- Aufforderung zu Zielkontrollen
- Ermutigung zum Durchhalten bei Schwierigkeiten
- Nutzen und Wert von Anstrengung erfahrbar machen

Selbstbewertungskompetenzen

- Sichtbarmachen von Lernfortschritten
- Betonung individuell-temporarer Vergleiche (Entwicklung)
- Erreichen von Teilzielen wertschätzen
- Erfolge auf Tüchtigkeit und Anstrengung zurückführen
- Misserfolge als Lernbedarf (Investition von Anstrengung) interpretieren
- Loben sowohl anstrengungs- als auch ergebnisbezogen

7. Welche acht Phasen werden im proaktiven Handlungsmodell unterschieden? Nennen Sie sie in der richtigen Reihenfolge!

- Entscheiden (motivationaler Prozess)

1. Lageeinschätzung (Was ist das Problem?)

2. Lösungsmöglichkeiten (Was würde helfen?)

3. Eigene Kompetenzen (Was kann ich selbst tun?)

4. Zielsetzung (Das will ich tun?)

- Planen und Handeln (volitionale Prozesse)

5. konkrete Vorbereitung (Was muss ich wann, wie und wo tun?)

6. Initiative (Wie fange ich an?)

7. Aufrechterhaltung (Wie halte ich durch?)

- Selbstbewertung → Fehleranalyse (motivationaler Prozess)

8. Ergebniseinschätzung (Was habe ich erreicht?)

8. Welche der folgenden Beispiele charakterisieren welche Art von willentlicher Handlungskontrollstrategie (Umweltkontrolle, Emotionskontrolle, Motivationskontrolle)?

- Um ungestört lernen zu können, hänge ich ein Schild „Bitte nicht stören!" an meine Tür.

Umweltkontrolle

- Wenn der Lernstoff so schwierig ist, dass ich mich aufrege, versuche ich zunächst einmal tief durchzuatmen, bevor ich weitermache.

Emotionskontrolle

- Wenn ich Schwierigkeiten beim Lernen habe, denke ich immer daran, was ich erreicht habe, wenn ich es schaffe.

Motivationskontrolle

- Um mir beim Lernen das Durchhalten zu erleichtern, stelle ich mir vor, wie schlimm es wäre, durchzufallen und die Prüfung wiederholen zu müssen.

Motivationskontrolle

9. Welche Befunde zur erfolgreichen Vermittlung selbstregulierten Lernens berichten Friedrich & Mandl?

- Förderung strategischen Denkens auch bei jüngeren Schülern positiv
- erfolgreiche Programme konzentrieren sich auf wenige Lernstrategien für spezifische Aufgabenstellung
- verbale Vermittlung (Lernstragiewissen) reicht nicht aus, Lernstrategien müssen eingeübt werden
- Anleitung undVormachen durch Lehrer sowie begleitende Reflexion sind Bedingungen wirksamer Einübung
- Motivation und Lernbereitschaft beeinflussen Wirksamkeit von Lernstrategien wesentlich
- Lehrer-Schüler-Interaktionen und Schülerkooperation vermitteln und intensivieren Lernstrategien und erlauben Reflexionen
- Überwachung des Lernprozesses ist wichtiger Wirkungsfaktor für Lernstrategien
- auch Transfer von Lernstrategien muss systematisch durch Einsatz unter variierenden Bedingungen geübt werden

10. Aus welchen Teilen sollte nach Traub (2003) eine Wochenplanarbeit bestehen?

Pflichtaufgaben:
Es handelt sich hier um Aufgaben, die von allen Lernenden innerhalb einer bestimmten Zeit bearbeitet werden. Die Inhalte dieser Aufgaben stellen in dieser Woche den Grundstock an Kenntnissen und Fertigkeiten dar

Wahlaufgaben:
Hier haben die Lernenden die Möglichkeit, aus verschiedenen Aufgaben auszuwählen. Es gibt immer mehrere Alternativen, wobei eine bestimmte Anzahl an Alternativen bearbeitet werden muss.

Zusatzaufgaben:
Diese Aufgaben sind freiwillig. Sie werden meist eigenständig, in Absprache mit der Lehrperson, festgelegt. Es werden vor allem zusätzliche Interessen berücksichtigt.

9. Kooperatives Lernen

1. Nennen Sie mindestens zwei Ziele kooperativen Lernens!

- Vermittlung sozialer Erfahrungen – soziale Kompetenzen,
- Gestaltung sozialer Beziehungen (Kommunikationsfähigkeit, Kritikfähigkeit, reflektieren eigener und fremder Positionen, Anpassungsfähigkeit, Eingehen auf andere Gruppenmitglieder, Konfliktlösefähigkeit, individuelles Verantwortungsgefühl)
- Vermittlung inhaltlicher Erfahrungen – Fachwissen,
- Problemlösekompetenz (verschiedene Perspektiven/Lernwege/-strategien),
- kreative Lösungen durch verschiedene Ansätze und Strategien,
- Motivation und Aktivierung (breites Methodenspektrum und Arbeit in Gruppen),
- Stärkung des Einzelnen in der Gruppe (Selbstbewusstsein, Selbstwertgefühl durch Gruppenfeedback, Beitrag zur Gruppenarbeit)

2. Welche Merkmale haben nach Sherman (2004) kooperative Unterrichtsformen?

- positive gegenseitige Abhängigkeit (Interdependenz) der Gruppenmitglieder (Lernfortschritt nur durch gemeinsame Zusammenarbeit möglich)
- individuelle Verantwortlichkeit (gegenseitige. Abhängigkeit: jedes Mitglied ist in gleichem Maße für Lernfortschritt verantwortlich)
- Face-to-face Kommunikation (unmittelbare Zusammenarbeit und Feedback)
- heterogene Gruppen (Geschlecht, Einstellungen, Fähigkeitsniveau, Herkunft,…)
- soziale Fertigkeiten sind Voraussetzung, Inhalt und Ziel der Gruppenarbeit zugleich. Gruppenmitglieder müssen angemessen kommunizieren können, sich akzeptieren und stützen.

3. Was ist mit positiver Interdependenz gemeint und wie kann sie hergestellt werden?

- Interdependenz: Ergebnisse der einzelnen Gruppenmitglieder werden durch Handlungen anderer Gruppenmitglieder beeinflusst
- positive Interdependenz: Kooperation; alle arbeiten auf ein gemeinsames Ziel hin
- hergestellt durch:
  - Zielabhängigkeit (Gruppe bekommt klare Aufgabe; gemeinsam zu erfüllen, genaue Festlegung, wer was macht, Zielerreichen nur, wenn alle Gruppenmitglieder das Ziel erreichen)
  - Rollenabhängigkeit (jedes Mitglied: feste Rolle, z.B. Schreiber, Materialbeschaffer,…)
  - Ressourcenabhängigkeit

4. Nennen Sie drei theoretische Perspektiven für die Erklärung der Wirksamkeit kooperativen Lernens und geben Sie an, welche zentralen Maßnahmen diese jeweils zur Optimierung kooperativen Lernens vorschlagen!

a) Motivationale Perspektive (sozial-behaviorale Perspektive):

- Einzelziel nur erreichbar, wenn Gruppe erfolgreich ist → entscheidend sind Belohnungs- und Zielstrukturen
- Gruppenbelohnung hängt von Einzelleistung ab → erhöht Motivation, in Gruppen Zusammenzuarbeiten sowie die Anstrengungsbereitschaft
- zentral: alle fühlen sich gemeinsamen Ziel verpflichtet, individuelle Verantwortlichkeit

b) Sozial-kohäsive Perspektive (sozial-behaviorale Perspektive):

- Gruppenzusammenhalt (SuS helfen sich und wünschen sich Erfolg)
- Gruppenarbeit wird als lohnend angesehen
- Gruppenidentifikation durch Gefühl der Verantwortung und Hilfsbereitschaft
- entscheidend: persönliche Wertschätzung der Gruppe entscheidend; teambildende Maßnahmen vor und während des kooperativen Lernens wichtig

c) Kognitive Perspektiven

- entscheidend: kognitive Interdependenz
- SuS haben unterschiedlichen Wissensstand; Kooperation bietet Möglichkeit der Angleichung
- kognitive Entwicklungsperspektive: Kooperation zur Bewältigung kognitiver Konflikte und der längerfristigen Entwicklung bzw. Veränderung von Wissensstrukturen
- wichtig: Erzeugung kognitiver Konflikte durch kognitive Heterogenität der Gruppe
- kognitive Elaborationsperspektive: Wissenszuwachs → aktive Informationsverarbeitung aller Gruppenmitglieder
- Verknüpfung mit bestehendem Wissen führt zu vertiefte Elaboration (jeder muss abwechselnd zuhören und erklären; reziproker Rollentausch „Lehrer"/„Schüler" → aktive Auseinandersetzung, tiefe Info-Verarbeitung)

5. Wenn sich Gruppenmitglieder beim kooperativen Lernen gegenseitig etwas erklären, in welchem Ausmaß treten dann Lerneffekte beim Erklärer und beim Zuhörer (reciprocal teaching) auf?

- aktive Informationsverarbeitung führt zum Wissenszuwachs aller Gruppenmitglieder
- Gruppen arbeiten in der Regel erfolgreicher, wenn sich die Teilnehmer/innen in ihren Fähigkeiten und in ihrem Vorwissen unterscheiden. Nicht nur Leistungsschwache profitieren vom Wissensvorsprung der Leistungsstarken, auch umgekehrt: Indem die kompetenten Gruppenmitglieder ihr Wissen äußern und Problemlösungen vermitteln, können sie zugleich feststellen, wo sie noch Lücken und Defizite haben.

- Ungeachtet der Gruppenzusammensetzung zeigt sich:
  - In gemeinschaftlichen Lernprozessen lernt derjenige am meisten, der dem Lernpartner einen bestimmten Sachverhalt erklärt.
  - Der Erkenntniszuwachs des Zuhörenden ist ebenfalls erkennbar, ist aber insgesamt etwas geringer

6. Welche Aufgabe bzw. Rolle hat der Lehrer beim kooperativen Lernen?

- Vorbereitung des Arbeitsauftrages
- Beobachter und Helfer
- Nachbereitung des Unterrichts:
  → Lehrkraft begleitet und stützt den Lernprozess

7. Welches sind die drei wichtigsten Voraussetzungen für effektives kooperatives Lernen?

- Interdependenz
- Kooperation
- persönliche Verantwortungsübernahme

8. Wie kann man individuelle Verantwortlichkeit herstellen?

Individuelle Verantwortlichkeit: Summierung individueller Leistungen zu Teamscores

- jedes Gruppenmitglied soll sich im Rahmen eigener Möglichkeiten einbringen, so dass das gemeinsam Ziel erreicht wird
- jeder ist für das Gesamtergebnis verantwortlich
- jedes Mitglied kann einen innerhalb der Arbeit definierten Bereich nachvollziehen und erklären
- Gruppenergebnis setzt sich aus den individuellen Beiträgen zusammen, die identifizierbar sind
- lässt sich z.B. mittels Leistungs- und Wissensabfragen überprüfen, wobei sich die Gruppenleistung aus den Einzelleistungen zusammensetzt (verhindert „Trittbrettfahren")
- gleiche Erfolgschancen für alle → Berücksichtigung individueller Lernfortschritte durch Vergabe von Punkten nach jeweiligem Lernzuwachs

9. Was ist bei der Gruppenbildung für effektives kooperatives Lernen zu beachten?

- heterogene Zusammensetzung (Leistung, Geschlecht, ethnische Zugehörigkeit,…)
- 3 – 5 SuS (kleine Gruppen günstig, wenn wenig kooperative Lernerfahrung vorhanden und wenig Arbeitszeit)
- mindestens ein Gruppenmitglied: Wahrnehmung von Lernfortschritten und fähig, steuernd einzugreifen
- Gruppen bleiben so lange zusammen, bis sie ein Erfolgserlebnis haben

10. Lernen in sozialen Gruppen I: Soziales Klima

1. Aus welchen drei Merkmalen bzw. Bereichen setzt sich das Unterrichts- und Klassenklima zusammen? Nennen sie jeweils zwei Merkmale!

1. Beziehung Lehrer-Schüler (Fürsorglichkeit der Lehrkraft, Feedback zum Unterricht,…)
2. Merkmale des Unterrichts (Leistungs- und Konkurrenzdruck, Individualisierung,…)
3. Beziehungen der Schüler untereinander (Hilfsbereitschaft, Rivalität,…)

2. Was versteht man unter dem Unterrichts- und Klassenklima?

Unter dem Sozialen Klima versteht man die subjektiven Wahrnehmungen aller Beteiligten zu den
sozialen Interaktionen in der Lerngruppe. (angelehnt an Ingenkamp, 1997)

3. Welche Unterschiede lassen sich empirisch feststellen zwischen Lehrkräften und Schüler/innen im Hinblick auf die Einschätzung des Sozialklimas?

Lehrer…

- …nehmen Bevorzugungen und Benachteiligungen weniger stark als Schüler wahr
- …halten sich für gerechter als es Schüler wahrnehmen
- …unterschätzen das Ausmaß von Konkurrenzorientierung und Konkurrenzverhalten von Schülern
- …überschätzen das Ausmaß der Zufriedenheit mit den Sozialbeziehungen in der Schülerschaft
- …erleben Leistungsdruck als geringer und schätzen eigene didaktische Fähigkeiten höher ein als Schüler
- …schätzen Anstrengungsbereitschaft und Unterrichtsbeteiligung höher ein als Schüler
- …unterschätzen häufig die Resignation von Schülern aufgrund mangelnder Anerkennung ihrer Anstrengungen
- …unterschätzen Angst und Überforderung und überschätzen Wohlbefinden ihrer Schüler

Dimension des Klimas	Einschätzung von Lehrern	Einschätzung von Schülern
Lehrer-Schüler-Beziehung	positiver	negativer
Schüler-Schüler-Beziehung	etwas positiver	etwas negativer
Unterricht	viel positiver	viel negativer

4. Welche direkten Maßnahmen sind geeignet zur Förderung des Klassenklimas?

1. Frage nach dem Problem: Gibt es klimatische Störungen?
2. Diagnose des Sozialen Klimas: Erfassung der Wahrnehmungen der Beteiligten.
3. Zielfestlegung: Was soll verändert werden und woran erkennt man die Erreichung des Ziels?
4. Entwicklung von Maßnahmen: Wie kann dies gefördert werden?
5. Umsetzung von Maßnahmen
6. Erfolgskontrolle (Evaluation): Wurde das Ziel erreicht? Wenn nicht, was könnte zusätzlich gemacht werden?

5. Welche günstigen Effekte hat ein positives Klassenklima?

- moderat bessere Leistungen
- Zufriedenheit mit der Schule ↑
- Freude am Unterricht ↑
- höhere Erfolgswahrscheinlichkeit bei Übergängen
- Mitarbeit ↑
- Selbstwirksamkeit ↑
- schulisches Interesse ↑
- Störverhalten ↓
- Angst und Stress ↓
- körperliche und psychische Beschwerden ↓

6. Das Aufstellen von Klassenregeln kann helfen, das soziale Klima zu fördern. Welche Prüfkriterien sind bei der Erstellung von Regeln zu beachten?

- Einigkeit über Sinnhaftigkeit der Regeln
- gewünschtes Verhalten willentlich kontrollierbar
- Regel spiegelt konkrete Verhaltensweise wieder
- Überprüfbarkeit des Verhaltens
- positive Formulierung

7. Welches sind nach Eder (2002) mögliche Einflussgrößen für die Entstehung des Klassen- und Unterrichtsklimas?

- stark versachlichte Beziehung (Lehrer zeigen selten eigene Gefühle, ...)
- Abhängigkeit von Entscheidungsmacht (keine Verständnis für Andersartigkeit von Schülern, Gefühl der Machtlosigkeit bei diesen, ...)
- Lehrererwartungen an Schüler und Ausübung sozialer Kontrolle (bloßstellen, zurechtweisen, ...) werden als restriktiv erlebt
- pädagogisch-soziales Engagement abhängig von Stand beim Lehrer (Bevorzugung von Lieblingsschülern, ...)

8. Wie heißen die vier Erziehungsstile und durch welche Dimensionen sind sie gekennzeichnet?

1. Desinteresse, Vernachlässigung (keine begründeten Anforderungen, keine emotionale Wärme)
2. Autoritär (begründete Anforderungen, keine emotionale Wärme)
3. Laissez-faire (emotionale Wärme, keine begründeten Anforderungen)
4. Autoritativ (emotionale Wärme und begründete Anforderungen)

9. Tuckman und Jensen (1977) postulieren auf theoretischer Ebene eine idealtypische Reihenfolge der Phasen der Entwicklung von Gruppen. Bitte ordnen Sie die Phasennamen den Merkmalen der Gruppenphase zu:

1. Forming: A. Gruppenmitglieder lernen sich kennen. Dabei können Unsicherheiten auftreten, wobei Interaktionen eher höflich und gehemmt sind.
2. Storming: E. Gruppenstruktur und -rollen werden gebildet. Hierbei geht es um informelle Führungspositionen und Einflussmöglichkeiten Einzelner. Dabei können teils starke Konflikte auftreten.
3. Norming: D. Gruppenziele und Normen werden von (fast) allen Gruppenmitgliedern akzeptiert.
4. Performing: B. Die Gruppenmitglieder arbeiten gemeinsam auf ihr Ziel hin. Es entstehen eher leistungsorientierte Beziehungen.
5. Adjourning: C. Aufgabe wird abgeschlossen oder aufgegeben. Manchmal entsteht Enttäuschung oder Erleichterung.

11. Lernen in sozialen Gruppen II: Leitung von sozialen Gruppen

1. Nennen Sie die vier Merkmale einer präventiv-effektiven Klassenführung, definieren Sie diese (in eigenen Worten) und nennen Sie je ein Beispiel.

1. Allgegenwärtigkeit und Überlappung
Die Fähigkeit, den Lernenden den Eindruck zu vermitteln, dass man über ihr Tun stets informiert ist.

2. Reibungslosigkeit und Schwung
Flüssiger Unterrichtsverlauf mit fortgesetzter Auseinandersetzung mit den Lerninhalten in Übergangsphasen bzw. bei Störungen. Das Gegenteil ist Sprunghaftigkeit:
- hohe Ablenkbarkeit durch unwichtige Außenreize
- Überproblematisierung von Störungen
- plötzliche Themenwechsel ohne Übergang

3. Gruppenmobilisierung
Konzentration auf die Gruppe als Ganzes und dadurch alle Gruppenmitglieder einbeziehen. Ziel: Aktivierung möglichst vieler Gruppenmitglieder gleichzeitig:
- Erzeugen von Spannung vor dem Aufrufen eines Lernenden, z.B. pausieren, sich umschauen
- Verfahren, bei denen Lernende nicht wissen, wer als nächstes aufgerufen wird
- häufiges Aufrufen verschiedener Lerner
- Handlungen, die den nicht aufgerufenen Lernenden zu verstehen geben, dass sie ebenfalls im Fokus der Aufmerksamkeit stehen
- Einbeziehung neuer, ungewöhnlicher Materialien

4. Abwechslung und Herausforderung
- Art und Umfang der erforderlichen intellektuellen Tätigkeit
- Darbietungsweise des Lernenden
- Arbeitsmittel
- Gruppenanordnung
- Lernaktivitäten

2. Was versteht man unter der Normvorstellungsthese (Lohmann, 2013)?

Was als Störung interpretiert wird, hängt von persönlichen Normvorstellungen, Erwartungen und Bewertungen ab. Diese können bei Lehrenden und Lernenden unterschiedlich ausfallen, so dass unterschiedliche Interpretationen möglich sind.

Störungen geben Lehrenden Auskunft darüber, wie konsistent und normkonform das eigene Handeln ist bzw. darüber, wie groß die Schere zwischen den Normvorstellungen und Erwartungen von Lernenden und Lehrenden ist.

3. Auf welchen drei Ebenen können Interventionen bei Störungen ansetzen. Nennen Sie je ein mögliches Vorgehen?

Beziehung	Disziplin	Unterricht
Eskalation vorbeugen im Unterricht Reflexion nach dem Unterricht	Sofort- und Präventivmaßnahmen Eskalationsleiter und Auszeitbogen	Wechsel von Methode, Sozialform, Verlaufsform, Ort, ...

4. Welche Überlegungen könnten während einer Reflexion helfen ein besseres Verständnis einer Störung zu entwickeln?

- Erklärungen für das Verhalten:
  - Welche Bedeutung hat das Verhalten?
  - Was könnte der Lernende damit bezwecken wollen?
  - Welche Gründe könnte es für das Verhalten geben?
- Ausnahmen:
  - Tritt das Störverhalten immer auf?
  - Gibt es Situationen, in denen das Störverhalten nicht auftritt? Welche sind das?
- Stärken hervorheben und Lernende einbinden:
  - Wo liegen die Stärken des Lernenden?
  - Wie kann ich den Lernenden besser einbinden?
  - Wie kann ich dem Lernenden z.B. eine verantwortungsvolle Aufgabe geben?

5. Was sind beratungsförderliche Kommunikations- und Gesprächstechniken? Nennen Sie Beispiele.

- Aktives (nonverbales) Zuhören → Blickkontakt, Kopfnicken, verbale Zustimmung, ...
- Spiegeln/Verbalisieren (emotionale Inhalte) → „In Ihrer Stimme höre ich viel Wut und Ärger."
- Paraphrasieren (Umschreibung sachlicher Informationen) → „Du hast also die Ausgangzeiten deiner Eltern ungerecht gefunden und bist die ganze Nacht weggeblieben."
- Indirektes Fragen → „Ich frage mich, wie Sie das gefühlsmäßig erlebt haben?"
- Offene Fragen → „Was meinst Du, wie ich Dir helfen kann?"
- Gespräch leiten → transparent strukturieren, Vorschläge sammeln, keine Stellung beziehen, Gesprächserwartungen klären

6. Hinter welcher der folgenden Aussagen verbirgt sich die Gesprächstechnik „Spiegeln/ Verbalisieren"?

(a) „Nehme ich das richtig wahr, dass du wütend und verärgert bist?"

7. Welche der folgenden Aussagen ist der Gesprächstechnik „Paraphrasieren" zuzuordnen?

(g) „Habe ich Dich richtig verstanden, dass es Dir wichtig ist, Deine Leistungen zu verbessern?" **X**

8. Im Folgenden finden Sie eine Äußerung, die eine Schülerin Ihnen gegenüber in einer Beratung machen könnte. Welche der angegebenen Antwortmöglichkeiten würden am ehesten einer guten Gesprächsführung entsprechen? „Also in letzter Zeit sind meine Noten so schlecht geworden. Ich habe richtige Angst davor, nicht versetzt zu werden. Dann liege ich nachts wach und mache mir alle möglichen Gedanken."

(i) Du denkst häufig über deine schlechten Zensuren nach und bist beunruhigt.
(j) Vielleicht solltest du mehr Zeit in die Schule investieren.
(k) Ich kann dich gut verstehen. Das würde mir auch große Sorgen bereiten. **X**
(l) Kannst du mir erklären, was das für Gedanken sind? **X**
(m) Kannst Du Deine Eltern fragen, ob sie dir Nachhilfestunden finanzieren?
(n) Und du bist sicher, dass Du schon alles probiert hast?

9. Welche Vorteile bietet die Technik des aktiven Zuhörens?

symbolisiert zuhören, Verständnis und Aufmerksamkeit, Ermutigung

12. Soziale und lernbezogene Kompetenzen

1. Welche drei übergeordneten Lernstrategien gibt es (nach Schiefele & Pekrun, 1996)? Nennen Sie drei Beispiele für jede Kategorie!

kognitive Lernstrategien (Info-Verarbeitungsprozesse)	Metakognitive Strategien	Ressourcen-Management
• Wiederholung • Elaboration (mentale Bilder, Anwendung, Sinnzusammenhänge) • Organisation (Lernstoff strukturieren: Fakten, wichtige Punkte) • kritisches Prüfen (kritischer Vergleich mit Bekanntem)	• Planung (Ziele setzen, Strategien festlegen) • Überwachung (Kontrolle des Lernens, z.B. Fragen stellen) • Regulationskomponente (z. B. Lerntätigkeit steuern; Regulation erfolgt, wenn Lernprozess unterbrochen und durch geeignete Maßnahmen wieder in Gang gesetzt werden muss.	• Intern: z.B. Investieren von Anstrengung, Zeitplanung • Extern: z.B. Gestalten der Lernumgebung, Lernen in Gruppen

2. Was sind im Zusammenhang mit Lernstrategien metakognitive Prozesse?

- eigenständige Bewachung der Prozesse des Verstehens, Einprägens, Konzentrierens sowie Problemlösens
- Lernfähigkeit = Fähigkeit, informationsverarbeitende Strategien effektiv auf Problem- und Aufgabenstellungen anzuwenden.
- Fähigkeit, sich eigener kognitiver Prozesse bewusst zu werden und eigene kognitive Tätigkeit zu steuern und zu kontrollieren, d.h.
  - angemessene Problemerfassung
  - Auswahl problemlösender Strategien
  - Aktivierung der Wissensbasis
  - Bewertung der Aufgabenlösung

3. Was bedeutet im Zusammenhang mit der Förderung von Lernstrategien „Kognitives Modellieren"?

- Kognitives Modellieren = Denken und Handeln verbalisieren; Lehrkraft oder ein Schüler verbalisiert laut seine Gedanken und Vorgehensweisen bei der Aufgabenbearbeitung
- Kognitives Modellieren Vorstufe zum Selbstinstruktionstraining
  - Modell demonstriert reflexives Problemlöseverhalten und verbalisiert die Regeln und Strategien, an denen sich sein Verhalten orientiert
  - Bewältigungsverhalten des Kindes wird durch die verbale Anleitung des Modells direkt gesteuert
  - Kind steuert seine Aufgabenbearbeitung durch laute Selbstanweisungen
  - Selbstinstruktion wird schrittweise verkürzt und es wird nur noch geflüstert
  - Kind steuert sein Verhalten nur noch mit Hilfe gedachter Selbstinstruktionen

4. Welche Aspekte müssen Sie beachten, wenn Sie Lernstrategien nachhaltig fördern wollen?

Unterricht und Lernstrategien

- Erwerb von Strategien → Prozessorientierte Ziele im Unterricht
- Unterricht Strategien zu nutzen, fördert Selbstwirksamkeit und Leistung
- Erwerb von Strategien stärkt insbesondere die Selbstwirksamkeit zur Überwindung unvermeidbarer Rückschläge/Misserfolge
- Lernstrategien beziehen sich auf die Bewältigung von Aufgaben und die eigene Person (Aufgabenlösung und Selbstregulation)

Lernstrategien fördern: Nachhaltigkeit

- durch Wissensvermittlung und einmalige bzw. wenige praktische Anwendungen werden Lernstrategien nicht nachhaltig gelernt und nicht eigenständig eingesetzt → kontinuierliches und systematisch sich wiederholendes Einüben von Lernstrategien; Lehrende demonstrieren praktisch, durch Hinweise und Kommentare während der Lernstrategieübungen
- Schüler müssen nicht nur erfahren, dass und welche Lernstrategien sie persönlich einsetzen können, sondern auch, dass die Verwendung solcher Lernstrategien nützlich ist für Verständnis, Leistung etc.
- nur bei kontinuierlichen, systematischen Lernstrategieübungen unter variierenden Bedingungen ist Nachhaltigkeit zu erwarten, d.h. dass Schüler Strategien längerfristig erlernen und selbst einsetzen können.

5. Welche Stufen lassen sich im sozial-kognitiven Informationsverarbeitungsmodell nach Crick & Dodge (1994) unterscheiden?

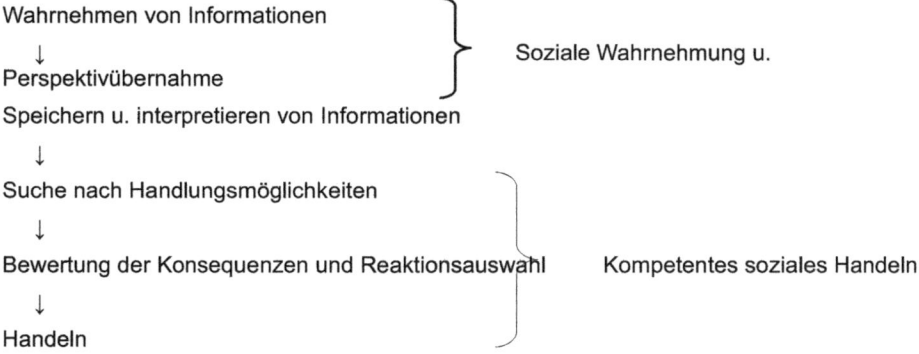

Wahrnehmen von Informationen

↓

Perspektivübernahme

⎱ Soziale Wahrnehmung u.

Speichern u. interpretieren von Informationen

↓

Suche nach Handlungsmöglichkeiten

↓

Bewertung der Konsequenzen und Reaktionsauswahl   Kompetentes soziales Handeln

↓

Handeln

Kompetentes soziales Handeln = Kommunikationsfähigkeiten, Konfliktlösefertigkeiten, Teamfähigkeit, Ärgerkontrolle

Stellen Sie sich vor, ein Schüler wird von einem anderen Mitschüler auf dem Pausenhof angerempelt. Überlegen Sie sich aus der Sicht des angerempelten Schülers einen ungünstigen und einen günstigen Informationsverarbeitungsverlauf über die verschiedenen Stufen!

ungünstiger Informationsverlauf	günstiger Informationsverlauf
Wahrnehmen von Informationen	
Ich werde angerempelt.	Ich wurde absichtlich angerempelt.
Speichern u. interpretieren von Informationen	
Warum wurde ich angerempelt? Gibt es einen Konflikt zwischen uns?	Er sah schon total aggressiv aus und hat es sowieso auf mich abgesehen.
Suche nach Handlungsmöglichkeiten	
Ärgerkontrolle Hilft ein Gespräch zu zweit? Sollte ein Dritter hinzugezogen werden?	Wut Ich reagiere nicht. Ich schlage zurück.
Bewertung der Konsequenzen und Reaktionsauswahl	
Ärgerkontrolle Missfallen zum Ausdruck bringen, aber deeskalierend den Konflikt managen.	Wut Wenn ich nicht reagiere, bin ich ein Looser. Ich räche mich.
Handeln	
Gespräch zu zweit in angenehmer, neutraler Atmosphäre.	Zurückschlagen.

6. In welchem Zusammenhang stehen eine dominierende soziale Bezugsnorm des Lehrers und die Entwicklung sozialer Kompetenzen bei Schülern (nach Satow, 1999)?

- dominierend soziale Bezugsnorm: erhöht Wettbewerb zwischen SuS und erzeugt ein Klima der Konkurrenz → kann zusätzlich verschärft werden, wenn Schülerleistungen wichtig für Wertschätzung durch Lehrkraft oder Beliebtheit in der Klassengruppe sind

- dominierende soziale Bezugsnorm: beeinträchtigt Selbstvertrauen und Lernmotivation, schafft Klima, dass Entwicklung sozialer Kompetenzen erschwert

- Satow konnte zeigen, dass ein, Klima, das durch supportive Interaktionen zwischen SuS und individualisierte Lehrende-Lernende Beziehungen charakterisiert ist, längerfristig zur Entwicklung positiver sozialer Selbstwirksamkeitserwartungen führt. → positive Auswirkungen auf soziales Klassenklima

7. Erziehungsstile lassen sich nach ihrer Ausprägung auf den Dimensionen „emotionale Wärme" und „Anforderungen" unterscheiden. Bitte geben Sie an, wie diese hinsichtlich ihrer Ausprägung auf den beiden Dimensionen zu charakterisieren sind. Welcher Erziehungsstil ist besonders förderlich?

- autoritativer Erziehungsstil: besonders förderlich (+ positives Sozialklima)

- autoritativer Erziehungsstil: emotionale Wärme und Zuwendung (Unterstützung, Einfühlung, Verständnis) bei gleichzeitig klaren Anforderungen (hohe Erwartungen, Autonomie innerhalb klar gesetzter Grenzen)

  → Lehrer und Eltern mit diesem Erziehungsstil: fordernd, lenkend und zugleich akzeptierend und ansprechend.

  → günstige Kombination: starke Unterstützung und hohe Anforderungen → bewirkt starke Leistungen und systematische Verbesserungen

- nicht vorteilhaft: Erziehungsstile Desinteresse/Vernachlässigung (fehlende emotionale Wärme als auch fehlende Anforderungen); „Laissez-faire" (emotionale Wärme aber fehlende Anforderungen), autoritärer Erziehungsstil (hohe Anforderungen aber fehlende emotionale Wärme)

8. Welcher Zusammenhang besteht nach Jerusalem und Klein-Heßling (2002) zwischen sozialen Kompetenzen und sozialer Selbstwirksamkeitserwartung?

- sozial kompetentes Verhalten setzt soziale Selbstwirksamkeitserwartungen voraus

- Zweifel an den eigenen sozialen Fähigkeiten führen nicht zu sozial kompetentem Verhalten sondern zur Vermeidung sozialer Situationen und zu sozial unsicherem Verhalten

- Überzeugung, schwierige soziale Anforderungen durch eigenes Handeln bewältigen zu können - wesentliche motivationale Grundlage und wichtiger Prädiktor für sozial kompetentes Verhalten im Kindes- und Jugendalter

13. Selbstreguliertes Lernen mit neuen Medien

1. Definieren Sie selbstgesteuertes und selbstreguliertes Lernen und grenzen Sie die Konzepte voneinander ab.

- selbstgesteuerten Lernen = aktive und konstruktive Informationsverarbeitung
- Selbstgesteuertes Lernen beschreibt die äußere Strukturierung des Lernens und bezieht sich darauf, wie stark die Lernumgebung durch andere vorgegeben ist.
- Selbstreguliertes Lernen beschreibt die innere Strukturierung des Lernens, wobei der Lernvorgang an sich bewusst, zielgerichtet und selbstreflexiv gesteuert wird.
- Selbstreguliertes Lernen bezieht sich auf verschiedene Aspekte der eigenständigen Regulation des Verhaltens (z.B. Zielsetzung, Selbstverstärkung, Selbstbeobachtung, Selbstinstruktion).
- Selbstreguliertes Lernen steigert die Motivation beim Lernprozess aufgrund der Förderung von Selbstwirksamkeit und intrinsischer Motivation.

2. Inwiefern hängen E-Learning und selbstreguliertes Lernen zusammen?

- Halbwertzeit des Wissens ↓ → Fähigkeit und Bereitschaft sich ständig neues Wissen und Fähigkeiten anzueignen sowie Wissen zu aktualisieren; Erarbeitung aus einem unendlichen Pool an Wissen mit unterschiedlicher Qualität
- Zeit- und Prioritätenprobleme möglich → Der gesamte eigene Lernprozess muss selbstständig geplant, initiiert, durchgeführt und evaluiert werden.
- selbstreguliertes Lernen Voraussetzung für E-Learning
- Informationskompetenz weitere Voraussetzung

3. Was ist Informationskompetenz und wodurch zeichnet sich eine informationskompetente Person nach dem Definitionsvorschlag der Association of College and Research Libraries (ACRL) aus?

Unter Informationskompetenz (Teilkomponente der Medienkompetenz) versteht man, die gezielte Suche, Bewertung und begründete Auswahl von Informationsquellen, um Probleme zu lösen und Fragen zu beantworten (ACLR, 2000).

Verhaltensmerkmale:

- Bestimmung von Art und Umfang der benötigten Informationen
- Verschaffung eines effizientes Zugangs zu den Informationen
- kritische Evaluation der Informationen und Quellen und Einbau ins eigene Wertsystem
- effektive Informationsnutzung, um in Ziel zu erreichen
- versteht viele der ökonomischen, rechtlichen und sozialen Streitfragen, die n, die der ökonomischen, rechtlichen und sozialen Streitfragen, die mit der Informationsnutzung zusammenhängen

4. Welche empirischen Unterschiede zeigen sich bei der Informationssuche zwischen Novizen und Experten?

Novizen	Experten
• Überforderung durch die Informationsflut • Planung von Suchstrategien und Aktivierung von Vorwissen ↓ • Wissen über Fachinformationssuche/Suchdienste ↓ • einfaches Repertoire an Suchstrategien • Formulierung einfacher Suchanfragen • Schwierigkeiten bei der Suchbegriffauswahl • Nutzung von Schlagwortkatalogen ↓ • verharren lange auf Internetseiten und lassen sich schnell ablenken • vertrauen Seiten, die die eigene Meinung bestätigen	• Suchen nach qualitativ hochwertigen und zuverlässigen Informationen • suchen nach Expertenmeinungen und Hintergrundwissen • konkrete Suchstrategien • benutzen Wikipedia als Überblick • scannen Seiten nach Schlagworten • vertrauen nicht den ersten Suchanzeigen

5. Beschreiben Sie die 6 Phasen des Big6-Prozessmodells der Informationskompetenz von Eisenberg und Berkowitz.

- Phasen werden bewusst oder unbewusst in unterschiedlichem Umfang durchlaufen.
- kein statischer oder linearer Prozess

1. Definition der Aufgabe
   ◦ Problem definieren
   ◦ nötige Informationen identifizieren
2. Strategien um Informationen zu finden
   ◦ Quellen suchen und auswählen
3. Ort und Zugriff
   ◦ Quellen finden
   ◦ Informationen in den Quellen finden
4. Informationsgebrauch
   ◦ Informationen durcharbeiten und wichtige Informationen herausziehen
5. Zusammensetzung
   ◦ Informationen organisieren
   ◦ Ergebnis präsentieren
6. Beurteilung
   ◦ Nutzbarkeit des Ergebnisses
   ◦ Tauglichkeit der Strategie

6. Was versteht man unter WebQuests und wie sollen sie nach Schöpf (2013) aufgebaut sein?

- In WebQuest werden Lernenden Problemstellungen oder Aufgaben präsentiert, die mit Ressourcen aus dem Internet zu bearbeiten sind.
- Auf einer Internetseite wird eine komplexe Aufgabe gestellt, die sich in viele Teilschritte gliedert.
- Einzelaufträge werden strukturiert und miteinander in Verbindung gesetzt (Aufgabe erzählt eine Geschichte, der Lernende ist ein Teil von ihr)
- Gerüst dient als Orientierung und Struktur und hilft dem Lernenden bei der Analyse, Informationsnutzung und Bewertung
- Aufbau: Introduction, Task, Resources, Process, Evaluation, Conclusion

7. Was ist ein Web Inquiry Project und inwiefern unterscheidet es sich von der WebQuest-Methode?

- Erweiterung der WebQuest-Idee → Lernende müssen selbstständiger agieren
- Lernende müssen selbst Fragen zur Aufgabenstellung finden und diese dann in eigenen Lösungswegen bearbeiten
- Phasen: Hook, Questions, Procedures, Data Investigation, Analysis, Findings

14. Entwicklung, Förderung und Risiken über die Lebensspanne

1. Wie definiert Havighurst (1972) Entwicklungsaufgaben und wodurch kommen sie zustande?

Eine Aufgabe, die in einer bestimmten Lebensperiode des Individuums hervortritt und deren erfolgreiche Bewältigung zu seinem Wohlbefinden und zum Gelingen späterer Aufgaben führt, während ein Misslingen zu Unzufriedenheit beim Individuum, zu Missbilligung durch die Gesellschaft und zu Schwierigkeiten bei späteren Aufgaben beiträgt.

3 Quellen:

* biologische Reifung
* gesellschaftliche und kulturelle Erwartungen
* individuelle Ansprüche und Werte

2. Was sind Kritische Lebensereignisse und nach welchen Dimensionen lassen sie sich ordnen?

* markante, subjektiv bedeutsame Einschnitte im Lebenslauf einer Person
* abrupte Veränderungen, die eine Neuausrichtung/Wiederanpassung notwendig machen

normative Ereignisse	nicht-normative Ereignisse
• häufiges Auftreten innerhalb einer Gesellschaft • Heirat, Berufsabschluss, ...	• unerwartet • Jobverlust, Krankheit, Todesfälle, ...

3. Was sind typische Entwicklungsaufgaben in der Adoleszenz?

Ebenen der Entwicklung: körperlich, emotional, sozial

* Akzeptanz des eigenen Körpers
* Entwicklung einer Geschlechtsidentität, neues Verhältnis zu den Eltern
* Aufbau neuer/anderer Freundschaften (Intimität/Sexualität)
* Aufbau kultureller und wertbezogener Perspektiven
* Bewältigung schulischer und beruflicher Anforderungen
* Aufbau einer neuen Identität

4. Welche Funktion kann der Substanzkonsum (Alkohol,...) in der Phase der Adoleszenz haben?

* Erfahrungssuche
* eigenen Stil entwickeln
* Unabhängigkeit demonstrieren
* Zugang zur Peer-Group
* Abgrenzung und Rebellion
* Stressbewältigung

5. In Life-Skills-Ansätzen der Prävention sollen psychosoziale Kompetenzen gestärkt werden. Welche Auswirkungen kann die Stärkung dieser Kompetenzen haben?

- Programm zur Förderung allgemeiner Lebens -und Bewältigungskompetenzen
- Umgang mit Mitmenschen, Problemen und Stresssituationen im alltäglichen Leben = bedeutende Fähigkeit zur Stärkung der psychosozialen Kompetenz (z. B. Stressbewältigung, Kommunikation, Eigenverantwortung)

Auswirkungen:
- Selbstwert und Selbstwirksamkeit ↑
- Stärkung zwischenmenschliche Beziehungen
- Gesundheitsverhalten ↑
- Stressbewältigung ↑
- Substanzmissbrauch ↓
- Suizidgedanken ↓
- Angst und Gewalttätigkeit ↓

6. Welche kognitiven Leistungseinbußen lassen sich ab dem mittleren Erwachsenenalter zunehmend beobachten und wie lassen sich diese einordnen?

- Abnehmende Verarbeitungsgeschwindigkeit (z. B. Denkspiele auf Zeit)
- Abnehmende Arbeitsgedächtniskapazität (z. B. Merkfähigkeit)
- Abnehmende Gedächtnisleistung (z.B. freier Abruf von Erinnerungen aus dem Gedächtnis)
- Abnehmende Fähigkeit zum Ausblenden irrelevanter Informationen (selektive Wahrnehmung) (z. B. trotz Straßenlärm ein Buch lesen können)

Einteilung

Fluide Intelligenz (Mechanik)	Kristalline Intelligenz (Pragmatik)
Neurophysiologisches Grundsystem des Gehirns	kultur- und erfahrungsabhängig
umfasst elementare kognitive Infoverarbeitungsprozesse (z. B. Wahrnehmung); „wissensfreie" Leistungen, die auf der Geschwindigkeit, Genauigkeit & Koordination von kognitiven Prozessen beruhen	umfasst Leistungen, die auf erworbenen Fähigkeiten und Fertigkeiten sowie auf den zugrundeliegenden Wissensbeständen beruhen
repräsentiert den Einfluss der Biologie auf die intellektuelle Entwicklung	repräsentiert den Einfluss von Kultur und Wissenserwerb auf die Intelligenz

7. Welche kognitiven Leistungen bzw. Bereiche intellektueller Leistungsfähigkeit erweisen sich im späteren Erwachsenenalter als relativ stabil?

kristalline Intelligenz

8. Welche Komponenten gehören zum Handlungstheoretischen Modell der Entwicklungsregulation nach Baltes & Baltes (1990)?

- Selektion
- Optimierung
- Kompensation

9. Welche Strategien umfassen die jeweiligen Komponenten des Handlungstheoretischen Modells der Entwicklungsregulation nach Baltes & Baltes (1990)?

Selektion = Entwicklung und Auswahl persönlicher Ziele

- Fokussierung auf eine Teilmenge prinzipiell verfügbarer Entwicklungsoptionen
- Konzentration auf wenige Zielbereiche zur Bündelung von Ressourcen
- Auswahl von Zielen, die einander unterstützen und nicht im Konflikt zueinander stehen
- Hierarchisierung von Zielen nach Priorität
- Bsp: älter werdender Pianist: Repertoire an Stücken einschränken

Optimierung = Erwerb und Investition von Ressourcen zur Erreichung ausgewählter Ziele

- Erlernen neuer Fähigkeiten
- Übung von Fertigkeiten
- Investition von Zeit und Anstrengung
- Fokussierung der Aufmerksamkeit auf die Zielverfolgung
- Modellierung erfolgreicher Anderer
- Spezifikation von günstigen Handlungsgelegenheiten
- Bsp: älter werdender Pianist: intensiveres Üben der Stücke, die ins engere Repertoire aufgenommen wurden

Kompensation = Prozesse der Aufrechterhaltung von bereits erreichten Zielen trotz Verlusten

- Substitution verlorener Handlungsmittel durch vorhandene, alternative Mittel
- Aktivierung ungenutzter Ressourcen
- Erwerb neuer zielrelevanter Ressourcen
- Inanspruchnahme sozialer Unterstützung
- Nutzung externer Hilfsmittel
- Bsp: Älter werdender Pianist: Tricks, z. B. bewusst langsameres Spielen vor schnelleren Passagen

10. Welche grundlegenden Orientierungen lassen sich bei Zielsetzungs- und Zielverfolgungsprozessen unterscheiden? Nennen Sie jeweils ein Beispiel!

	Zielsetzung	Zielverfolgung
Gewinnorientierung	bewusste Selektion	Optimierung
Verlustorientierung	Verlustbasierte Selektion	Kompensation

Beispiel Gewinnorientierung: „Ich möchte fitter werden." → Investition von Zeit und Geld in die Erhöhung körperlicher Aktivität

Beispiel Verlustorientierung: „Ich möchte nicht (weiter) körperlich abbauen." → Schwimmen statt joggen gehen, weil letzteres nicht mehr möglich ist.